21세기의 십계명

거울도 안 보는 크리스천과
21세기의 십계명

초판 1쇄 인쇄 2013년 02월 22일
초판 1쇄 발행 2013년 02월 28일

지은이 이 종 성
펴낸이 손 형 국
펴낸곳 (주)북랩
출판등록 2004. 12. 1(제2012-000051호)
주소 153-786 서울시 금천구 가산디지털 1로 168,
우림라이온스밸리 B동 B113, 114호
홈페이지 www.book.co.kr
전화번호 (02)2026-5777
팩스 (02)2026-5747

ISBN 978-89-98666-15-6 03230

거울도 안 보는 크리스천과
21세기의 십계명

이종성 지음

21세기를 사는 크리스천들의 머리는 복음의 지식으로 뜨겁다. 그러나 가슴은 기독교 전통과 율법적인 교리로 차갑다. 그리고 그 영혼은 라오디게아 교회 시대를 증명하듯 미지근하여 하나님 앞에서 구역질이 나게 하는 모습을 취한다. 십계명에 대해서도 마찬가지다. 율법주의자든 세대주의자든 복음주의자든 할 것 없이 십계명에 대해서는 얼렁뚱땅 넘기며 교리적인 변론의 주장만 고수한다.

교회에 발을 딛는 순간 가장 첫 번째 외우는 것이 십계명이다. 십계명만큼 쉽게 생각하는 교리도 없다. 그저 잘 지키면 된다고 배우기 때문이다. 신학을 배울 때 율법은 예수 그리스도가 이 세상에 오심으로 그 역할이 끝났다는 것을 누구나 배우지만 그렇다고 율법에서 자유로운 목회자는 별로 없다. 여전히 율법 특히 십계명에서 자유를 누리는 크리스천도 드물다.

그렇다면 과연 성경은 21세기 라오디게아 교회 시대의 십계명에 대하여 무엇이라 말씀하실까? 십계명은 죽이는 법이지 살리는 법이 아니다. 십계명을 잘 지켜서 사는 법이 아니라 십계명을 못 지켜서 죽게 되는 것이 십계명의 역할인 것이다. 성경에서 십계명은 두 번에 걸쳐 주어지게 된 사실을 발견하게 된다.

첫 번째 십계명은 모세가 시내산에서 처음 하나님께 받은 것이었다. 그러나 첫 번째 십계명은 이스라엘 민족이 구경도 하기 전에 모세의 손에 의해 던져져 깨져 버렸다. 이스라엘 민족이 십계명을 받기도 전에 우상을 숭배하는 악을 행하였기 때문이었다. 그들은 본래 하나님의 계명을 지킬 수가 없는 존재였던 것이다. 하나님은 이런 이스라엘 민족을 모두 멸하시려고 작정하셨다.

그러나 모세의 중보기도로 이스라엘 민족을 멸하시기를 멈추시고 하나님은 모세가 만든 돌판에 다시 십계명을 새겨 주셨다. 이것이 두 번째 돌판에 새겨진 십계명이다. 하나님은 모세로 하여금 다시 새겨진 이 돌판을 나무궤에 넣어 영원히 보관하라고 명하셨다. 이것이 지성소 안에 있는 언약궤이다.

우리는 첫 번째 깨져버린 십계명 돌판과 두 번째 다시 주어진 십계명 돌판을 통하여 21세기 라오디게아 교회 시대에 하나님의 십계명을 어떻게 다루어야 하는지를 조심스럽게 살펴볼 수 있다.

육에 속한 사람 곧 거듭나지 않은 사람에게 적용되는 십계명은 깨뜨려진 첫 번째 십계명 돌판이다. 그들은 그들의 악함으로 십계명을 외우면서도 기록된 십계명의 의미가 무엇인지도 모른다. 혹 깨진 돌판을 주어서 다시 붙여 거룩한 보물로 여긴다고 해도 더 이상 십계명을 통하여 죄를 깨닫지 못한다. 다만 십계명이라는 돌판을 우상으로 섬기는 종교인이 될 뿐이다. 안타깝게도 대다수 크리스천들이 첫 번째 깨진 십계명 돌판에 초점을 맞추고 있다는 것이다.

그러나 진실로 거듭난 크리스천은 언약궤 안에 있는 두 번째 십계명 돌판을 믿음으로 소유한 자이다. 두 번째 돌판을 담은 나무궤는 예수 그리스도의 모형이다. 곧 예수 그리스도 안에 십계명이 보관되어 있는 것이다. 그러므로 참으로 거듭난 성도는 그리스도 안에서 십계명을 통하여 자기가 죄에서 완전히 죽은 자라는 사실을 깨닫는 자이다. 또 언약궤 위를 덮고 있던 시은소의 피처럼 예수 그리스도의 십자가의 피는 십계명을 어기며 사는 모든 죄인들의 죄를 덮어주어 영원히 하나님의 심판을 받지 않도록 한 하나님의 긍휼하심과 사랑과 은혜의 증거이다.

그러므로 참으로 거듭난 크리스천이라면 첫 번째 깨진 십계명 돌판을 바라보며 깨져 없어진 것처럼 여기지 말고, 두 번째 언약궤 안에 있는 돌판에 새겨진 십계명을 바라보며 주님이 왜 나를 위해 피를 흘리셨는지를 깊게 묵상해야 한다. 그리고 언약궤 안에 있는

십계명을 통하여 내가 그리스도와 함께 십자가에서 죽었음을
시인해야 한다.

아무쪼록 21세기 라오디게아 교회 시대에 사는 진실된
크리스천들이 십계명을 통하여 자신이 그리스도 안에서 죄로
인하여 죽은 자임을 깨닫고 예수 그리스도의 피로 영원한 속죄를
받아 영생을 받은 사실에 대하여 하나님께 영광을 돌리기를
바란다.

"그러므로 율법의 행위로 그의 앞에 의롭다 하심을 얻을 육체가
없나니 율법으로는 죄를 깨달음이니라" (롬 3:20)

2013년 2월

이종성 목사

차 례

죄에 대하여 죽었음을 보여주는
첫 번째 거울

"하나님이 이 모든 말씀으로 일러 가라사대 나는 너를 애굽 땅, 종 되었던 집에서 인도하여 낸 너의 하나님 여호와로라 너는 나 외에는 다른 신을 네게 있게 말지니라" (출 20:1-3)

"그런즉 우리가 무슨 말을 하리요? 은혜가 넘치게 하려고 우리가 죄 가운데 거하겠느냐? 결코 그럴 수 없느니라. 죄에 대하여 죽은 우리가 어찌 그 가운데서 더 살리요?" (롬 6:1-2)

이제 십계명 중에 1계명을 통하여 우리가 죄 가운데서 죽은 증거를 확인하도록 하겠습니다. 이미 우리가 아는 대로 십계명은 죄의 성품을 가지고는 지킬 수가 없는 법입니다. 성경은 하나님께서 십계명을 주시면서 지키려고 노력하거나 열 개 중에 다섯 개 이상은 지키라고 말씀하지 않았습니다. 만약 누구든지 십계명을 지키려고 한다면 모두를 그것도 완전하게 지키라고 하시면서 만약 하나라도 어기면 모두를 어기는 것이 된다고 말씀했습니다.

"누구든지 온 율법을 지키다가 그 하나에 거치면 모두 범한 자가 되나니 간음하지 말라 하신 이가 또한 살인하지 말라 하셨은즉 네가 비록 간음하지 아니하여도 살인하면 율법을 범한 자가 되느니라" (약 2:10, 11)

 | 거울도 안 보는 크리스천과 21세기의 십계명

사실 모세가 시내산에서 하나님께 십계명을 받아 가지고 오기도 전에 이스라엘 민족은 금송아지를 만들고 그것이 자기들의 하나님이라고 하며 숭배하는 악을 행하였습니다. 모세는 그들의 악한 모습을 보고 하나님께 받은 십계명 두 돌판을 던져 깨뜨리므로 그들이 하나님의 십계명을 지킬 수 없는 자들이라는 것을 보여 주었습니다.(출 32:15-20) 그럼에도 불구하고 사단은 지금까지 죄와 율법의 종노릇하는 자들에게 십계명을 지킬 수 있는 것처럼 속여 왔습니다.

십계명을 지킬 수 있다고 여기는 것은 자기가 하나님 앞에 살아 있는 존재라고 믿게 하는 사단의 속임수입니다. 아무리 성경에 율법을 지키려 하는 자들은 율법 아래 있는 자들이며 저주받은 자들이라고 기록되었어도 사단은 눈뜬 영적 소경을 만들어 그 말씀을 눈으로 보면서도 오로지 율법을 지켜야 하나님께서 기뻐하신다고 믿게 만들었던 것입니다. 결국 자기가 하나님 앞에서 100% 죄인으로 죄 가운데서 죽었음을 깨닫게 하지를 못하게 한 것입니다.

"내가 율법으로 말미암아 율법을 향하여 죽었나니 이는 하나님을 향하여 살려 함이니라"(갈 2:19)

"무릇 율법 행위에 속한 자들은 저주 아래 있나니 기록된 바 누구든지 율법 책에 기록된 대로 온갖 일을 항상 행하지 아니하는 자는 저주 아래 있는 자라 하였음이라 또 하나님 앞에서는 아무나 율법으로 말미암아 의롭게 되지 못할 것이 분명하니 이는 의인이 믿음으로 살리라 하였음이라"(갈 3:10-11)

"그런즉 율법은 무엇이냐 법법함을 인하여 더한 것이라 천사들로 말미암아 중보의 손을 빌어 베푸신 것인데 약속하신 자손이 오시기까지 있을 것이라"(갈 3:19)

하나님께서 율법을 주신 것은 바로 죄 가운데서 내가 왜 죽어있는지를 증거해 주는 확실한 거울 역할을 하게 하기 위해서입니다. 그러므로 죄로 더럽혀진 내가 하나님께서 주신 거룩한 십계명을 스스로 지키려고 노력하거나 애쓴다는 것은 거울에 비친 자기의 더러움을 보고 거울을 열심히 닦는 어리석음과 마찬가지가 됩니다. 왜냐하면 거울에 비친 자기의 더러움은 그대로 있고 거룩한 거울만 더럽히는 꼴이 되기 때문입니다.

21세기 크리스천들은 십계명에 대해 애매한 자세를 취하고 있습니다. 율법주의자들처럼 십계명을 절대적으로 수호하는 것도 아니고 율법폐기론자처럼 십계명을 전혀 무시하는 것도 아닌 중도의 모습을 취합니다. 어쩌면 자기 편리한 대로 십계명을 이용하고 있습니다. 그러나 하나님 앞에서 십계명에 대해 분명하고 확실한 태도를 취해야 합니다. 그렇지 않으면 하나님 앞에서 스스로 속이는 자가 됩니다. 성경은 스스로 속이지 말라고 경고하셨습니다. 자신을 스스로 속일 수 없도록 자신의 죄를 깨닫게 하는 것이 바로 십계명입니다. 이제부터 1계명을 통하여 과연 하나님 앞에서 우리가 어떤 죄인인지 살펴보도록 하겠습니다.

나 외에 다른 신을

세상의 불신앙자들은 말합니다. 왜 유독 하나님만이 독선적으로 다른 신을 인정하지 않느냐는 것입니다. 세상 신들은 자기만이 유일한 신이라고 우기지 않습니다. 오히려 다른 신을 너그럽게 인정합니다. 희랍신화에 나오는 수많은 신들은 인간세계처럼 서로 모여서 회의도 하고 함께 일을 도모하기도 하고 전쟁도 하고 결혼도 하고 별짓을 다합니다. 물론 인간들의 상상 속에서 만들어진 신들이므로 인간의 범주에서 벗어날 수 없기 때문입니다. 그런데 성경에서 하나님은 당신만이 유일한 신이며 다른 신들은 모두 죄로 타락한 인간들이 만든 거짓 신이라는 것입니다.

"나는 여호와로라 나 외에 다른 이가 없나니 나 밖에 다른 신이 없느니라 --- 해뜨는 곳에서든지 지는 곳에 서든지 나 밖에 다른 이가 없는 줄을 무리로 알게 하리라 나는 여호와라 다른 이가 없느니라 ---- 그 말씀에 나는 여호와라 나 외에 다른 이가 없느니라 ---- 너희는 고하며 진술하고 또 피차 상의하여 보라 이 일을 이전부터 보인 자가 누구냐 예로부터 고한 자가 누구냐 나 여호와가 아니냐 나 외에 다른 신이 없나니 나는 공의를 행하며 구원을 베푸는 하나님이라 나 외에 다른 이가 없느니라 --- 땅 끝의 모든 백성아 나를 앙망하라 그리하면 구원을 얻으리라 나는 하나님이라 다른 이가 없음이니라"(사 45:5,6,18,21,22)

"우상은 세상에 아무 것도 아니며 또한 하나님은 한 분 밖에 없는 줄 아노라"(고전 8:4)

이상하지 않습니까? 왜 세상에 수많은 신들은 자기만이 유일한 신이라고 고집하지 않는데 성경의 하나님만이 오직 당신만이 유일한 신이라고 말씀하셨을까요? 이렇게 생각해 보십시다. 이 세상에 '나'라는 사람은 몇이 될까요? 오직 하나입니다. 세상에서 나를 빙자하여 자기가 나인 것처럼 주장하는 사람들이 나타나서 나의 아내와 자식들을 취하고 나의 모든 것을 취한다면 어떻게 하시겠습니까? 과연 공유하겠습니까? 아니면 내가 진짜라는 것을 밝히려 할까요? 아마 어떤 수단 방법을 가리지 않고 진짜인 자기를 증명하려고 애쓸 것입니다. 이러한 내용으로 만들어진 영화가 복제인간을 주제로 한 '아일랜드'라는 영화였습니다. 이 영화에서 주인공은 자기와 똑같은 존재가 있는 것을 알고 결국 진짜를 죽게 하고 자기가 진짜를 대신하게 됩니다. 왜 이 영화는 똑같은 사람을 인정하고 서로 공존하는 이야기를 다루지 않고 하나만 남게 만들었을까요? 그것은 나와 똑같은 존재란 세상에 있을 수 없다고 생각하기 때문입니다.

　마찬가지로 정말 세상에 신이 여럿이 있다면 자기만이 유일한 신이라고 주장하는 하나님은 거짓말하는 신이 됩니다. 그런데 하나님께서 당신이 유일한 신이라는 것을 말로만 주장하는 것이 아니라 여러 가지 부인할 수 없는 증거를 제시하며 하나님만이 유일한 신이라는 것을 밝히셨으므로 하나님만이 유일한 신임을 믿지 못하는 자들의 불신앙을 심판할 수 있게 하셨습니다. 하늘에서 비를 내리게 하고 땅에서 무수한 식물을 내게 하시며 우주를 운행하시고 오늘도 어김없이 해가 동에서 서로 움직이게 하시는 분이 살아계시고 참되신 유일하신 하나님이심을 성경을 통하여 증거하신 것입니다.

　"열방의 허무한 것 중에 능히 비를 내리게 할 자가 있나이까 하늘이 능히 소나기를 내릴 수 있으리이까 우리 하나님 여호와여 그리하는 자가 주가 아니시니이까 그러므로 우리가 주를 앙망하옵는 것은 주께서 이 모든 것을 만드셨음이니이다." (렘 14:22)

　하나님은 유일하신 신이시므로 타락한 죄인들이 상상 속에서 그들의 생각으로 고안한 껍데기 신들과 하나님의 영광을 함께 할 수 없습니다. 여러분은 나를 빙자하여 나인 체하고 나의 모든 것을 빼앗으려 하는 자들에게 나의 것을 하나라도 양보하시겠습니까? 절대로 그럴 수 없을 것입니다. 하나님은 더더욱 그러실 수 없습니다. 그러므로 하나님 앞에 그 무엇도 신이라는 이름으로 나타날 수도 없고 신이라는 이름으로 설 수도 없습니다. 그러므로 만약 내가 하나님 이외에 다른 신을 가지고 간다면 나는 하나님의 저주를 피할 수 없는 자가 됩니다.

"나는 여호와니 이는 내 이름이라 나는 내 영광을 다른 자에게, 내 찬송을 우상에게 주지 아니하너라"(사 42:8)

내 앞에 두지 말지니라

왜 하나님은 다른 신을 믿지 말라고 하시지 않고 내 앞에 다른 신들을 두지 말라고 하셨을까요? 여기에서 사단의 간교한 궤계를 알아야 합니다. 사단은 내가 하나님 앞에 나아가지 못하도록 막으려고 두 가지 방법을 번갈아 사용합니다. 그것은 짐승을 길들일 때 사용하는 당근과 채찍입니다. 그러나 하나님은 사람을 당근과 채찍으로 길들이지 않습니다. 왜냐하면 사람을 짐승처럼 길들여서 종노릇시키는 분이 아니기 때문입니다. 하나님께서 사람을 징계하실 때는 사람막대기와 인생채찍을 사용하셔서 그로 하여금 본래 창조하신 목적대로 사람구실을 하도록 돌이키게 하십니다.

"나는 그 아비가 되고 그는 내 아들이 되리니 저가 만일 죄를 범하면 내가 사람 막대기와 인생 채찍으로 징계하려니와" (삼하 7:14)

그러나 사단은 죄인을 짐승같이 다룹니다. 그래서 사람들로 하여금 짐승 잡듯이 잔혹한 핍박과 박해로 겁을 먹게 하여 절대로 하나님의 말씀을 믿지 못하도록 만드는 것입니다. 또 하나는 거짓으로 하나님 앞에 나아가 입으로만 복음을 시인하게 하여 결국 하나님의 심판을 받아 지옥에 가도록 하는 것입니다. 사단은 이천 년의 세월동안 칼과 무력으로 하나님께 나아가는 크리스천을 죽이고 또 죽였습니다. 그러나 사단의 잔혹한 박해에도 굴하지 않고 하나님의 복음이 땅 끝까지 전파되자 지금은 정책을 바꾸어 누구든지 하나님 앞에 나아가도록 아낌없는 지원을 하고 있습니다. 기독교 세력을 박해하는 곳을 점점 줄이고 오히려 기독교가 크게 성장하고 확대하도록 격려하고 권장하였습니다.

사단이 가장 성공한 곳 중의 하나가 바로 대한민국입니다. 가장 기독교가 빨리 정착하고 세력을 확대하여 밤에 온 나라가 빨간 십자가로 덮이는 지경까지 기독교를 부흥하게 한 것입니다. 그런데 문제는 하나님 앞에 나아오는 수많은 크리스천들이 자기도 모르는 채 다른 신을 가지고 하나님 앞에 나아온다는 것입니다. 사단은 이제 하나님의 형상을 닮은 사람 안에 들어가 자기 대신 사람으로 하여금 하나님인 체하게 하여 하나님 앞에 나아가게 하는 것입니다. 더군다나 하나님인 척하고 하나님 앞에 나아가는 어리석은 죄인들에게 전혀 자기의 실상을 눈치 채지 못하게 하면서 말입니다. 그러나 이것이 바로 사단이 죄인들에게 심어준 죄라는 것입니다.

"여호와의 말씀이 또 내게 임하여 가라사대 인자야 너는 두로 왕에게 이르기를 주 여호와의 말씀에 네 마음이 교만하여 말하기를 나는 신이라 내가 하나님의 자리 곧 바다 중심에 앉았다 하는도다 네 마음이 하나님의 마음 같은 체할지라도 너는 사람이요 신이 아니어늘"(겔 28:1-2)

예수님 당시에 유대인들이 그랬습니다. 그들은 스스로 자신들이 하나님이 택하신 거룩한 백성으로 하나님을 모르는 이방 족속들과 차원이 다른 민족으로 자부하고 살았습니다. 비록 그들이 로마에 종노릇하며 살고 있었지만 그들의 영혼만은 자유를 누리며 살고 있다고 믿었습니다. 그러나 예수님은 그들에게 아주 충격적인 말씀을 하셨습니다. 그들보고 너희 아비는 마귀이며 너희는 마귀의 자녀이므로 마귀의 욕심을 행하는 자들이라는 것입니다.

"너희는 너희 아비 마귀에게 났으니 너희 아비의 욕심을 너희도 행하고자 하느니라"(요 8:44)

그렇다면 그들의 신앙과 믿음과 하나님 앞에 행하는 거룩한 종교의 행위들은 모두 무엇입니까? 모두 거짓된 종교적 행위였다는 것입니다. 그들이 비록 외적으로는 하나님을 믿는 척하지만 사실은 하나님을 대적하고 하나님을 모욕하는 일을 하고 있음을 예수님은 지적했던 것입니다. 지금도 마찬가지입니다. 대다수 기독교인들이 교회 문만 들어서면 하나님 앞에 나아가는 크리스천이 되는 것으로 배웁니다. 또 몇 개월 동안 교회 출석을 잘하고 세례를 받으면 거듭난 것으로 인정받습니다. 내 마음으로 진실되게 예배를 드리고 찬양을 하며 기도와 봉사와 헌신과 십일조를 하면 하나님이 기뻐하시는 성도가 된다고 믿고 죽은 후에도 성도 아무개 하며 죽을 때 까지 종교라는 틀에 갇혀 스스로 속이는 자가 됩니다. 그러나 그러한 종교적 행위 뒤에 숨어있는 거짓된 신적 존재는 알지 못합니다.

살아계신 하나님은 내 외모를 보시지 않고 내 중심을 보십니다. 내 중심에 나도 모르는 다른 신이 존재하고 있다면 유일하신 하나님께서 나를 기뻐하시겠습니까? 아니면 진노하시겠습니까? 살아계신 하나님께서는 질투하는 하나님이라고 하셨습니다. 하나님의 질투의 눈은 거짓된 신을 가지고 오는 나를 그대로 방치하실 수 없으십니다. 하나님은 소멸하는 불이십니다. 누구든지 거짓된 신을 하나님 앞에 가지고 나아가는 자는 질투하시는 하나님의 진노로 영원한 불못에 처하게 됩니다.

내 안에 거짓된 신은 무엇인가?

사단은 내 안에서 나 자신을 신으로 만들어 하나님 앞에 나아가게 하는데 그 모습이 두 가지 양상으로 나타납니다. 하나는 유일하신 하나님보다 더 신뢰하는 것들을 나의 신으로 섬기게 합니다. 우선 자기의 육체를 하나님보다 더 신뢰합니다. 왜 신체가 건강한 사람이 하나님을 믿지 않습니까? 자기의 건강한 육체가 자기의 신이기 때문입니다.

"나 여호와가 이같이 말하노라 무릇 사람을 믿으며 혈육으로 그 권력을 삼고 마음이 여호와에게서 떠난 그 사람은 저주를 받을 것이라"(렘 17:5)

왜 머리가 좋은 사람이 하나님을 믿지 않고, 스스로 똑똑하고 지혜가 많다고 자부하는 사람이 하나님을 부정합니까? 자기의 지혜를 신으로 모시고 있기 때문입니다.

"여호와께서 이같이 말씀하시되 지혜로운 자는 그 지혜를 자랑치

말라 용사는 그 용맹을 자랑치 말라 부자는 그 부함을 자랑치
말라"(렘 9:23)

왜 착한 사람이 또 의로운 사람이 구원받기 힘듭니까? 그것은
자기의 선이나 의가 자기의 신이 되기 때문입니다.

"대저 우리는 다 부정한 자 같아서 우리의 의는 다 더러운 옷
같으며"(사 64:6)

왜 세상에서 인정이 많은 사람이 구원받기 힘듭니까? 자기가
베푸는 은혜를 하나님의 은혜보다 더 신뢰하기 때문입니다. 이렇게
자기 육으로부터 나오는 모든 것들을 하나님보다 더 신뢰하는
자들이 자기 안에 만들어진 거짓 신들을 갖고 하나님 앞에
나아가는 것입니다. 하나님과 사단은 아는데 자기만 모르는 체
말입니다.

또 다른 하나는 유일하신 하나님보다 더 사랑하는 것들입니다.
자기 안에 거짓된 신들을 모시고 사는 사람들은 하나같이 자기
기쁨을 추구합니다. 자기가 기뻐하는 것이 하나님이 기뻐하시는
것이라고 믿습니다. 그래서 자기의 정욕을 위해 하나님을
이용하면서도 하나님이 기뻐하실 것이라고 착각하는 것입니다.
과연 내 안에 거짓된 신을 모셔놓고 그것을 보며 기뻐하는 모습을
하나님이 기뻐하실까요? 여러분은 여러분의 자녀들이 내가 죽지도

아니했는데 죽은 사람처럼 내 사진을 걸어놓고 거기에 자기가 좋아하는 음식을 차려놓고 춤추며 놀며 절하고 웃고 떠든다면 기쁘시겠습니까? 천만의 말씀입니다. 아마 당장 상을 뒤집어엎어 버릴 것입니다. 왜 사도 바울은 저들의 신은 배라고 말했습니까?

"저희의 마침은 멸망이요 저희의 신은 배요 그 영광은 저희의 부끄러움에 있고 땅의 일을 생각하는 자라"(빌 3:19)

그것은 살아계신 하나님보다 자기의 정욕을 채우는 자기 배를 더 사랑하기 때문입니다. 살아계시고 참되신 하나님보다 더 사랑하는 것은 모두 거짓된 신들입니다. 그것은 내 부모도 될 수 있고, 내 사랑하는 자녀나 친척이나 아내나 남편이나 이웃이나 친구가 될 수 있습니다.

그러므로 이스라엘 민족이 셀 수 없는 신들을 만들었던 것처럼 우리들도 사단에게 속아 셀 수 없는 신들을 내 안에 만들며 살아간다는 것입니다. 그렇다면 과연 누가 살아계신 하나님 앞에 다른 신을 마음에 두지 않고 깨끗하고 순수하게 나아갈 수 있을까요? 죄로 타락한 후에는 그 누구도 하나님 앞에 거짓된 신 없이 나아갈 수가 없습니다. 왜냐하면 그 안에 거짓된 신을 만드는 사단의 영이 독사처럼 똬리를 틀고 내 안에서 수없이 많은 거짓 신을 만들어 하나님을 대신하여 섬기도록 만들기 때문입니다.

누가 1계명을 지킬 수 있는가?

아담의 후손으로 태어난 그 누구도 지킬 수 없습니다. 왜냐하면 그 안에 사단의 영이 들어와 영, 혼, 육에 모두 스며들어 있기 때문입니다. 사단의 영은 죄인의 영, 혼, 육에 깊숙이 침투하여 그 영, 혼, 육으로 하여금 수많은 신을 만들어 하나님을 대적하게 만들기 때문입니다. 만약 1계명을 지키려면 죄가 없이 태어난 사람이면 가능합니다. 그런데 이 세상에 죄가 없이 태어난 한 사람이 있습니다. 그분은 바로 하나님 아버지가 이 세상에 보내신 아들 예수 그리스도이십니다. 예수님은 그 안에 사단의 영이 없었기 때문에 어떤 거짓 신도 만들 수가 없는 거룩한 분이셨습니다.

예수님은 오직 하나님 한 분만을 신뢰하셨습니다. 하나님 이외에 그 누구도 신뢰한 적이 없으셨습니다. 아니 예수님을 따르던 수많은 제자들조차도 신뢰하지 않으셨습니다. 예수님은 오직 하나님 한 분만을 사랑하셨습니다. 그 어머니 마리아까지도 하나님보다 더한 사랑의 대상이 되지 않았습니다. 오직 하나님 한 분만을 사랑하셨기에 다른 신이 있을 수 없었습니다. 예수님은 오직 하나님 한 분만을 섬기시고 그분께만 순종하셨습니다. 그 어떤 세상의 영웅호걸도, 또 세상의 선인과 의인도 예수님의 섬기는 대상이 된 적이 없습니다.

그러므로 만약 내가 1계명을 지키려면 먼저 내 안의 사단의 영부터 없애야 합니다. 그러나 사단의 영은 물로 씻어서 없어지는 것도 아니고 불로 태워서 없어지는 것도 아니고 또 내가 스스로 자결한다고 해도 없어지는 것이 아닙니다. 결국 나는 하나님 앞에서 죽을 때까지 사단을 섬길 수밖에 없는, 또 죽는다고 해도 영원히 사단과 지옥에서 함께 고통 받을 수밖에 없는 존재라는 것입니다. 이것을 성경에서는 하나님 앞에 영이 죽은 자라고 하는 것입니다.

그런데 하나님께서 예수 그리스도를 보내심으로 십자가에서 나와 함께 죽어 주신 것입니다. 내가 십자가에서 예수님과 함께 죽었으므로 사단의 영은 더 이상 죽은 내 안에 역사하여 나로 하여금 스스로 거짓된 신을 만들게 할 수 없습니다. 이제 예수 그리스도께서 내 안에 들어오심으로 나는 예수님을 통하여 오직 살아계신 하나님만 유일한 신으로 섬기는 자로 만들어 주신 것입니다. 그러므로 참으로 거듭난 사람은 1계명을 지키려고 애쓸 필요가 없습니다. 만약 애쓰고 노력해서 1계명을 지키려고 한다면 그는 아직 거듭난 사람이 아닙니다. 그러나 거듭난 자는 그리스도 안에서 유일하신 참 하나님만을 섬기는 자로 영원히 살아갈 수 있습니다.

"너희가 어떻게 우상을 버리고 하나님께로 돌아와서 사시고 참되신 하나님을 섬기며"(살전 1:9)

"내가 여호와를 항상 내 앞에 모심이여 그가 내 우편에 계시므로 내가 요동치 아니하리로다."(시 16:8)

과연 여러분은 1계명을 지킬 수 없는 자임에도 불구하고 거짓된 하나님을 스스로 만들어 1계명을 지키는 척하며 살아가지는 않습니까? 여전히 기독교인이기 때문에 아니면 집사나 장로나 목사라는 직분이 있기 때문에 당연히 1계명을 지키는 자라고 믿으십니까? 아니면 여러분이 교회에서 봉사하고 헌신하고 충성을 다해 하나님을 섬기기 때문에 1계명을 지키는 것이라고 확신합니까? 그렇다면 아직도 1계명을 통하여 자기가 하나님 앞에서 어떤 존재인지를 깨닫지 못한 상태입니다.

1계명을 지킨다는 것은 살아계신 하나님과 나와 사랑의 관계가 그리스도 안에서 온전하게 되었음을 말씀하고 있습니다. 내가 누군가를 사랑하게 되면 그 사랑하는 사람만 보이는 현상처럼 내가 하나님을 사랑하게 되면 오직 하나님만 미치도록 사랑하는 사람이 되기 때문입니다. 우리는 1계명이라는 거울을 통하여 하나님을 향한 나의 마음을 비추어 볼 수 있습니다. 과연 내 마음에 미치도록 사모하고 사랑하는 대상이 무엇인지를 볼 수 있습니다. 참으로 거듭난 사람은 1계명을 통하여 내 육의 성품에 하나님을 향한 사랑이 전혀 없음을 발견하고 슬퍼하나 그리스도 안에서 하나님을 향한 사랑이 충만하게 넘침을 발견하고 기뻐하고 하나님을 찬양하게 됩니다. 이것이 야고보가 말한 자유의 율법이라는 것입니다.

"자유하게 하는 온전한 율법을 들여다보고 있는 자는 듣고 잊어버리는 자가 아니요 실행하는 자니 이 사람이 그 행하는 일에 복을 받으리라"(약 1:25)

　　1계명을 통하여 아직도 거듭나지 못한 자의 거짓되고 부패한 마음을 찢으시옵소서. 또한 살아계신 하나님을 유일한 신으로 섬길 수 없는 무능력한 죄인임을 깨닫게 하옵소서. 오직 예수 그리스도의 피로 죄 사함을 받아 거듭남으로 그리스도 안에서 1계명이 성령으로 지켜지는 거룩한 하나님의 자녀가 되게 하옵소서. 주님의 이름으로 기도드립니다. 아멘.

죄에 대하여 죽었음을 보여주는
두 번째 거울

" 너를 위하여 새긴 우상을 만들지 말고 또 위로 하늘에 있는 것이나 아래로 땅에 있는 것이나 땅 아래 물 속에 있는 것의 아무 형상이든지 만들지 말며 "(출 20:4)

내가 정말로 좋아하고 미치도록 사랑하고 싶은 연예인이 있다고 가정합시다. 나는 그를 좋아하고 사랑하고 존경하고 늘 함께 동거동락하며 희로애락을 같이 하려고 합니다. 그의 말을 따라 하고 그의 행동을 그대로 따라 하며 그의 모습을 그림자처럼 따라 합니다. 그러나 정작 그는 나를 알지 못하고 내가 그에게 갖고 있는 모든 감정과 느낌을 공유하지 않습니다. 아니 나에 대해서는 전혀 모르며 관심도 갖지 않습니다. 만약 그에게 나의 이런 짝사랑을 고백하면 그는 나를 사랑해줄까요? 아니면 그가 나를 사랑할 때까지 쫓아다니며 그의 분신처럼 행동한다면 그가 나의 진심을 받아줄까요? 아마 그는 이렇게 행동하는 나를 끔찍한 스토커로 알고 고발하여 자기 근처에도 오지 못하게 할 것입니다. 이렇게 자기 혼자 좋아하고 자기 혼자 북 치고 장구 치며 집착하는 사랑의 대상을 무엇이라 할까요? 바로 21세기의 사회적 현상으로 나타나는 '아이돌' 현상입니다.

'아이돌'은 고대에 우상이라는 단어로 사용되던 것이 현대에 와서 사람들이 숭배하는 대상을 일컫는 대명사로 쓰이고 있습니다. 그만큼 사람들이 추앙하고 숭배하는 우상의 대상들이 많아졌다는 것입니다. 이러한 우상들을 추종하는 사람들의 공통적인 증상이 있는데 그것은 정작 그 우상을 위해 숭배하는 것이 아니라 자기 자신을 위해 우상 숭배를 한다는 것입니다. 그래서 하나님은 2계명을 자기 자신을 위하여 우상을 만들고 섬기지 말라고 하셨던 것입니다. 1계명이 예배하는 대상이 누군지를 말씀하는 계명이라면 2계명은 예배의 가치를 살아계신 하나님께 두느냐 아니면 죽은 우상에게 두느냐라는 계명인 것입니다.

한번 이렇게 생각해 봅시다. 만약 내가 사랑하는 사람과 결혼을 하였는데 나는 정작 사랑하는 사람과 살지 않고 사랑하는 사람의 사진을 가슴에 품고 사진을 앞에 두고 함께 식사를 하고, 사진 앞에서 함께 차를 마시고, 사진 앞에서 함께 노래하고 사진을 품고 함께 잠을 잔다면 정상적인 모습입니까, 미친 짓입니까? 누가 봐도 미친 짓입니다. 왜냐하면 그러한 모습은 사랑하는 사람이 죽었을 경우에나 또는 멀리 떨어져 서로 만날 수 없을 경우나 그럴 수 있지 멀쩡히 살아서 옆에 있는데 그러한 모습을 취할 수 없기 때문입니다.

살아계신 하나님도 마찬가지입니다. 멀쩡히 살아계신 하나님을 두고 하나님의 형상을 그림이나 사진으로 형상화시키거나 십자가 목걸이나 귀걸이나 십자가 형태를 만들어 그것이 마치 자기를 보호하는 하나님의 분신으로 생각한다면 그것이 우상숭배의 모습인 것입니다. 또 살아계신 하나님을 자기 생각에 잡아두고 자기 사상에 묶어두며 자기 가치관에 엮으려고 하는 것도 우상숭배의 전형적인 모습입니다.

  그래서 살아계신 하나님을 죽은 사람을 모시는 사당처럼 교회라는 건물에 가두어 놓고 교회건물에만 하나님이 계시는 것처럼 생각합니다. 또 살아계신 하나님을 죽은 사람 모시는 납골당처럼 여겨 내가 원할 때 찾아보면 되는 것처럼 생각합니다. 그러나 이러한 모습은 죄악된 인간들이 스스로 자기를 위하여 만든 이름만 하나님이지 죽은 우상일 뿐 살아계시고 참되신 하나님은 아닙니다.

성경에서 우상을
무엇이라 하는가?

첫 번째 자기 자신을 위하여 섬기는 신은 모두 우상입니다. 살아계신 하나님은 무엇이 부족한 것처럼 사람의 손으로 섬김을 받지 아니하신다고 했습니다. 나를 낳으신 부모는 자기가 낳은 자녀를 위하는 부모이지 자녀가 자기를 위하여 만든 부모가 아닙니다. 만약 나를 위하여 부모를 만들었다면 그것은 사람이 아니라 로봇입니다. 마찬가지로 나를 창조하신 하나님을 나의 주인으로 섬기는 것이지 내 종으로 부리려고 하나님을 믿는 것이 아닙니다. 만약 하나님을 내가 원하는 것을 해주는 심부름꾼 정도로 여기는 사람이라면 그는 하나님이라는 우상을 자기를 위하여 믿는 사람입니다.

대부분의 크리스천들이 자기의 필요를 위해 여러 신들 중에 가장 낫다고 생각하는 죽은 하나님을 자기의 신으로 숭배합니다. 그러나 이것은 하나님이라고 이름을 붙인 죽은 하나님 곧 우상일 뿐입니다. 왜냐하면 이런 우상의 하나님을 믿는 자는 언제든지 자기에게 이익이 되지 않으면 잊어버리거나 다시는 찾지 않는 쓰레기로 취급하기 때문입니다. 마치 청소년들이 자기가 좋아하는 아이돌에 열광하다가 어느 날 나이가 들면 언제 그랬냐는 듯이 쉽게 잊어버리는 것과 마찬가지입니다.

"너희는 자기를 위하여 우상을 만들지 말찌니 목상이나 주상을 세우지 말며 너희 땅에 조각한 석상을 세우고 그에게 경배하지 말라 나는 너희 하나님 여호와임이니라" (레 26:1)

두 번째 우상은 마음이 부패하고 허망한 자가 만드는 자신의 아이콘과 같다는 것입니다. 죄로 타락된 거짓되고 만물보다 더러운 마음은 항상 사단의 조종을 받아 살아계신 하나님을 거절하고 인정하지 않도록 그 마음에 하나님이 계셔야할 자리에 더러운 것으로 차곡차곡 채워 놓게 합니다. 사단은 죄인의 마음에 종교라는 자리를 만들어 누구든지 자기가 믿는 우상을 대상으로 경건하고 독실한 종교인이 되게 합니다. 그리고 그 종교의 자리에 살아계신 하나님을 대체하는 수많은 우상으로 채워놓게 합니다. 썩어질 사람의 우상으로 또는 짐승의 모습을 한 우상으로 그리고 심지어는 버러지 형상의 우상으로 다양하게 우상을 섬기게 합니다. 그런데 이상하게도 동물 중에 우상에 집착하는 것은 만물의 영장이라고 스스로 자처하는 사람뿐입니다.

"스스로 지혜 있다 하나 우준하게 되어 썩어지지 아니하는

하나님의 영광을 썩어질 사람과 금수와 버러지 형상의 우상으로
바꾸었느니라"(롬 1:22, 23)

그 중에 기독교도 마찬가지입니다. 그 옛날 유대인들이
금송아지를 만들어 절하고 놋뱀을 우상으로 섬기며 성전의
기물과 성전을 우상으로 섬겼던 것처럼 지금의 기독교도 수많은
우상들로 꾸며져 있습니다. 그러므로 크리스천으로 아무리
교회를 열심히 다녀도 그 마음이 부패하고 더러운 옛 마음이라면
그는 죽은 하나님을 우상으로 섬길 수밖에 없습니다. 왜냐하면
부패하고 더러운 마음에는 살아계신 하나님이 들어가실 수가 없기
때문입니다.

"네가 그 땅에서 아들을 낳고 손자를 얻으며 오래 살 때에 만일
스스로 부패하여 무슨 형상의 우상이든지 조각하여 네 하나님 여호와
앞에 악을 행함으로 그의 노를 격발하면"(신 4:25)

"우상을 만드는 자는 다 허망하도다 그들의 기뻐하는 우상은
무익한 것이어늘 그것의 증인들은 보지도 못하며 알지도 못하니
그러므로 수치를 당하리라"(사 44:9)

세 번째로 우상은 아무 것도 아니라고 성경은 말씀합니다.
우상은 바람 같은 것입니다. 또 허망한 것입니다.(사 41:29) 거짓이며
생기가 없는 죽은 돌덩어리나 나뭇조각일 뿐이며 하나님 앞에

더러운 것입니다.(렘 10:14, 겔 36:18) 더군다나 우상은 거짓 스승으로 사단이 자기의 거짓 진리를 전하는 가장 유용한 도구이기도 합니다.(하박국 2:18)

　지금의 기독교에서도 마찬가지입니다. 죽은 하나님을 우상으로 섬기며 죽은 하나님께 드리는 예배와 기도와 찬양과 전도 등 모든 행위가 모두 우상 숭배를 하는 것입니다. 문제는 기독교 모양을 하고 있는 우상이라는 것이 더 큰 문제입니다. 성경을 많이 배우고, 믿음 생활도 누구보다 열심히 하고, 선하고 의로운 봉사와 헌신도 누구보다 열정적으로 하며 내가 하나님을 위하여 목사도 하고 선교사도 할지라도 결국 생명이 없는 죽은 하나님을 만들어 믿는다면 그것이 우상숭배라는 것입니다.

　"우상은 세상에 아무 것도 아니며 또한 하나님은 한분 밖에 없는 줄 아노라"(고전 8:4)

우상의 변천사

아주 오래전 시대에는 자연을 숭배하는 토템과 샤머니즘이 유행되고 있었습니다. 그 흔적은 지금도 남아 돌이나 나무, 바위나 짐승을 우상으로 섬기는 것을 볼 수 있습니다. 그 후 농경사회로 접어들면서 이집트나 메소포타미아 문명에서 힘과 돈과 번식을 상징하는 황소가 주로 우상의 대상이 되었습니다. 이스라엘 민족도 이집트를 탈출하여 광야에 있을 때 금송아지를 만들어 자기들의 신이라고 섬기므로 하나님의 진노를 받았습니다. 지금도 황소는 금융가에서 여전히 물질만능시대의 우상으로 자리 잡고 있습니다.

예수님이 이 세상에 오신 때는 로마 시대로서 수많은 신들이 우상으로 섬겨지고 있는 때였습니다. 그 이름도 없는 수많은 신들 가운데 가이사 황제도 신으로 등극하기도 했습니다. 사도 바울이 로마의 중심도시 아테네에서 수많은 신들 중에 더 이상 이름을 붙일 수 없어 이름 없는 신이라는 이름까지 있는 것을 보고 허탈해하는 모습을 성경에서 보여 주고 있습니다. 그렇게 인간들의 상상과 허상 속에 만들어진 희랍신화의 거짓 신들은 지금도 아이들이 꼭 읽어야 할 교양도서로 선정되어 있습니다.

313년 기독교가 정식으로 공인되고 교회가 정치와 결탁하며 수많은 기독교 조직과 직위가 세워지면서 기독교 안에서 우상은 새로운 면을 갖추어 나갔습니다. 교황제도가 생기면서 정치와 결탁한 종교지도자가 우상으로 나타나게 된 것입니다. 또 순교자들을 성인으로 추대하여 우상으로 만들어 섬겼습니다. 또 십자가를 형상화하여 십자가 우상을 만들기 시작한 것입니다. 이러한 우상의 흔적은 여전히 지금 기독교내에서 흔히 찾아볼 수 있습니다. 목사가 우상이 되고, 교회 건물이나 치장이나 성가대나 오케스트라가 우상이 되어 옛날 금송아지를 만들어 그 앞에서 소리치며 뛰놀고 울부짖듯이 여전히 그러한 우상숭배의 모습을 그대로 답습하고 있는 것입니다.

산업혁명이 일어나고 돈이 우상이 되어버린 19세기는 그야말로 우상의 거듭남이 일어난 시대이기도 합니다. 한낱 종이쪼가리 밖에 안 되는 화폐가 사람을 죽이고 살리는 강력한 신이 되었기 때문입니다. 또한 돈을 잘 버는 사람들이 우상화되는 시대이기도 합니다. 일확천금을 버는 스포츠인, 배우, 가수, 과학자, 정치인, 금융인, 심지어 교육자, 목사까지 돈만 많이 벌 수 있다면 누구나 우상의 대상이 되었던 것입니다. 그리고 21세기에 들어와서 우상은 좀 더 스마트해졌습니다. 기계문명이 획기적으로

발달하면서 누구나 인터넷을 사용하게 되고 누구나 스마트폰을
사용하게 되므로 이제는 첨단기계로 만들어진 제품들이 우상이
되기 시작했습니다. 어디에서나 남녀노소 불구하고 정신이 빠진
대상이 무엇입니까? 스마트 폰 아닙니까? 그런데 지금까지 우상이
변천하면서 바뀌어져 왔는데 이 모든 것을 하나도 버리지 않고
통합하여 나오는 우상이 성경에 예언되어 있다는 것을 아십니까?

우상의 종결자

인류 역사 이래 우상이 말하거나 우상이 움직이거나 우상이 생각을 하여 판단을 하고 사람을 조종하는 시대는 없었습니다. 지금까지는 모두 사람의 손으로 만들어진 그야말로 아무 말도 못하고 움직이지도 못하는 것이 우상이었습니다. 그러나 마지막 때 모든 인류를 통제하는 우상은 지금까지의 우상과 전혀 다른 모습을 취하고 나타납니다. 그것은 말하는 우상이며 모든 인간을 꼼짝 못하게 통제할 수 있는 강력한 능력의 소유자라는 것입니다. 그 우상은 모든 사람의 손이나 이마에 표를 받게 하고 그 표를 받지 않는 자는 아예 이 세상에서 살 수 없도록 만드는 무서운 통치자로 군림하게 됩니다. 그 우상이 나타나면 모든 사람이 그 우상에게 자기들의 하나님이라고 절하며 섬기도록 명령할 것입니다. 또 누구든지 그 우상에게 절하지 않으면 죽음을 당하게 된다는 것입니다. 그런데 이것은 공상과학이야기가 아닙니다.

지금의 우리 시대를 보면 이 모든 것을 만들 수 있는 조건이 다 갖추어져 있습니다. 먼저 말하는 우상을 만드는 것은 기계인간

곧 로봇을 만드는 기술이 점점 가속도가 붙는다는 것입니다. 또 사람의 손이나 이마에 표를 받는 것은 이미 우리가 사용하는 신용카드로 연습을 충분히 하고 있다는 것입니다. 그리고 우상이 세계를 통제하는 것은 이미 온 세상이 이제는 하나가 되어 있어 정치, 경제, 환경, 사회, 문화, 교육 등등 모든 현안 문제를 누군가 강력한 능력의 지도자로 나와 해결하기를 원하는 분위기가 조성되고 있다는 것입니다.

이제 사단은 이 마지막 때 성경에 기록된 우상을 세상에 내어 보내며 누구든지 그 우상을 믿도록 강요할 것입니다. 그때 사단의 명령에 따르지 않으려면 죽는 수밖에 다른 길이 없습니다. 왜냐하면 그때는 하나님의 성령이 이 세상에 없기 때문입니다. 다시 말하면 하나님을 믿을 수도 없고, 구원받고 싶어도 받을 수가 없고, 사단을 이길 말씀의 능력도 이 세상에 없기 때문입니다. 그때 세상의 사람들은 오직 사단이 믿으라고 한 우상을 믿으며 하나님의 심판을 받는 일 밖에 할 일이 없습니다.

"짐승 앞에서 받은 바 이적을 행함으로 땅에 거하는 자들을 미혹하며 땅에 거하는 자들에게 이르기를 칼에 상하였다가 살아난 짐승을 위하여 우상을 만들라 하더라. 저가 권세를 받아 그 짐승의 우상에게 생기를 주어 그 짐승의 우상으로 말하게 하고 또 짐승의 우상에게 경배하지 아니하는 자는 몇이든지 다 죽이게 하더라. 저가 모든 자 곧 작은 자나 큰 자나 부자나 빈궁한 자나 종들로 그

오른손에나 이마에 표를 받게 하고 누구든지 이 표를 가진 자 외에는 매매를 못하게 하니 이 표는 곧 짐승의 이름이나 그 이름의 수라 지혜가 여기 있으니 총명있는 자는 그 짐승의 수를 세어 보라 그 수는 사람의 수니 육백 육십 륙이니라" (계 13:14-18)

우상은 내가 우상숭배를 하지 않겠다고 마음먹는다고 해서 지켜지는 것이 아닙니다. 내안에 살아계신 하나님의 영이 예수 그리스도의 영으로 들어오셔서 내 안에 주인이 되셔야만 우상을 섬기지 않게 됩니다. 구원받은 이후에도 내 안에 계신 예수 그리스도와 그의 보내신 살아계신 하나님을 잘 알지 못하면 나도 모르게 우상을 숭배하는 모습을 취하게 됩니다.

그래서 사도 요한은 서신을 쓰면서 우상을 조심하라고 기록하였던 것입니다.(요일 5:21) 하나님은 살아계신 하나님을 대신하여 우상을 섬기는 것을 가장 미워하신다고 하셨고 누구든지 살아계신 하나님을 미워하며 우상을 섬기는 자는 삼사대까지 저주하신다고 하셨습니다. 왜냐하면 살아계신 하나님은 질투하는 하나님이시기 때문이라는 것입니다. 살아계신 하나님은 죽은 우상이 아니기 때문에 누구든지 하나님 대신 우상을 섬기는 자는 하나님의 질투의 분노로 심판을 받게 되는 것입니다.

내가 누구를 사랑한다면 사랑하는 그가 가지고 있는 물건이나 생각이나 기타 여러 가지 것들이 아니라 제일 먼저 그 사랑하는 사람이 사랑의 대상이 될 것입니다. 마찬가지로 내가 살아계신 하나님을 사랑한다면 제일 먼저 바로 하나님 그 자신만을 사랑하는 자가 된다는 것입니다. 그리고 그 사랑의 증거로 하나님의 살아계신 말씀을 사랑하는 자로 드러나게 됩니다. 다시 말해서 살아계신 하나님을 사랑하는 자는 그의 입에서 나온 모든 살아있는 그리고 살리는 하나님의 말씀만을 사랑하는 자가 된다는 것입니다. 그는 2계명을 지키려고 애쓰는 자가 되지 않고 예수 그리스도 안에서 우상을 멀리하는 자가 되는 것입니다.

"자녀들아 너희 자신을 지켜 우상에서 멀리하라" (요일 5:21)

지혜와 지식이 완전하신 하나님. 우리는 무지하고 어리석어 우상을 섬기면서 무엇이 우상인지 모릅니다. 21세기에 사단은 택한 자도 미혹하여 자기도 모르게 우상을 섬기도록 꾀하고 있습니다. 두 번째 계명을 통하여 우리 안에 숨어 있는 수없이 많은 우상의 잔재를 드러나게 하시어 예수 그리스도의 보혈로 씻김을 받을 수 있도록 하옵소서. 살아계신 하나님과 그의 아들 예수 그리스도와 그리고 우리 안에 계신 성령을 또 다른 우상으로 만들어 섬기지 않도록 진리로 거룩하게 하옵소서. 주님의 이름으로 기도드립니다. 아멘.

죄에 대하여 죽었음을 보여주는
세 번째 거울

"너는 너의 하나님 여호와의 이름을 망령되이 일컫지 말라 나 여호와는 나의 이름을 망령되이 일컫는 자를 죄 없다 하지 아니하리라"(출 20:7)

옛말에 '호사유피 인사유명(虎死留皮 人死留名)'이라는 말이 있습니다. 호랑이는 죽어서 가죽을 남기고 사람은 죽어서 이름을 남긴다는 말입니다. 사람처럼 이름을 중요하게 여기는 존재도 없습니다. 아이가 태어나기 전부터 고심하는 것이 바로 아이의 이름입니다. 특히 동양에서는 이름이 그 운명을 좌우한다고 믿고 이름을 짓는 데에 많은 돈과 정성을 기울입니다. 예를 들어 박을 두 개로 갈라 하나는 쌀바가지로 이름을 지어주고 하나는 똥바가지로 이름을 지으면 그대로 된다는 것입니다. 이같이 이름을 운명이나 숙명처럼 여기는 것은 동물들에게는 없는 특이한 점입니다. 성경에서 하나님은 당신의 형상을 닮은 존재를 창조하시고 바로 그들의 이름을 사람이라고 하셨습니다.

"남자와 여자를 창조하셨고 그들이 창조되던 날에 하나님이 그들에게 복을 주시고 그들의 이름을 사람이라 일컬으셨더라"(창 5:2)

사람이란 흙으로 지어진 존재라는 뜻입니다. 다시 말하면 흙이라는 재료에 하나님의 생명이 들어가 하나님을 닮은 형상이 된 존재라는 것입니다. 이러한 의미를 담은 이름을 가진 사람에게 하나님이 첫 번째 시키신 일은 하나님이 창조하신 모든 동물에게 이름을 지어주는 것이었습니다. 그러므로 사람이 창조되어서 첫 번째 한 일은 바로 모든 생물에게 이름을 지어 주었다는 것입니다. 지금도 이름을 지어주는 일은 인류에게 가장 중요한 일로 자리 잡고 있습니다. 무엇을 발명했을 때 첫 번째 하는 일이 무엇입니까? 태풍이나 허리케인이 발생했을 때 첫 번째 하는 일이 무엇입니까? 동식물학자가 최초로 발견한 동식물에 대하여 첫 번째 하는 일이 무엇입니까? 결혼해서 아이를 가졌을 때 첫 번째 고심하는 일이 무엇입니까? 이처럼 세상 모든 일을 시작할 때 가장 첫 번째 하는 일은 바로 이름을 짓는 일이라는 것입니다.

살아계신 하나님의 이름

사람이 하나님의 이름을 부르기 시작한 때는 가인이 시기심으로 동생 아벨을 죽인 후 아담이 죽은 아벨 대신 셋을 낳고 셋이 에노스를 낳았을 때였습니다. 셋은 거듭난 자의 모형입니다. 또 셋이 에노스를 낳았을 때 비로소 하나님의 이름을 부르기 시작했다는 것은 바로 거듭나서 하나님이 기뻐하시는 열매를 맺는 사람들만이 살아계신 하나님의 이름을 부를 수 있다는 모형적인 모습입니다.

"아담이 다시 아내와 동침하매 그가 아들을 낳아 그 이름을 셋이라 하였으니 이는 하나님이 아담에게 가인의 죽인 아벨 대신에 다른 씨를 주셨다 함이며 셋도 아들을 낳아 그 이름을 에노스라 하였으며 그 때에 사람들이 비로서 여호와의 이름을 불렀더라"(창 4:25-26)

그러나 죄로 타락한 후부터 하나님의 이름은 죄인들로 하여금 더럽혀지고 망령되이 일컬어졌습니다. 하나님은 거룩하신 하나님의 이름이 더럽혀지고 죄인들 때문에 망령되이 일컬어지는 것을 그대로 놔두실 수가 없습니다. 왜냐하면 하나님은 죽은 신이 아니라 살아계신 신이시기 때문입니다.

성경에 기록된 대로 처음 하나님의 이름을 물어본 자는 바로 모세입니다. 하나님께서 광야 40년 동안 모세를 훈련시키신 후 불타는 가시떨기 나무에서 그를 부르시고 모세에게 애굽에서 하나님의 백성들을 이끌어오라고 명령하셨습니다. 그때 모세는 애굽에 있는 하나님의 백성이 자기들을 애굽에서 이끌어내라고 하신 신이 누구냐 라고 물으면 무엇이라 대답할 것인가 하나님께 물었습니다. 그때 하나님은 모세에게 살아계신 하나님의 이름을 가르쳐 주셨습니다.

"모세가 하나님께 고하되 내가 이스라엘 자손에게 가서 이르기를 너희 조상의 하나님이 나를 너희에게 보내셨다 하면 그들이 내게 묻기를 그의 이름이 무엇이냐 하리니 내가 무엇이라고 그들에게 말하리이까 하나님이 모세에게 이르시되 나는 스스로 있는 자니라 또 이르시되 너는 이스라엘 자손에게 이같이 이르기를 스스로 있는 자가 나를 너희에게 보내셨다 하라 하나님이 또 모세에게 이르시되 너는 이스라엘 자손에게 이같이 이르기를 나를 너희에게 보내신 이는 너희 조상의 하나님 곧 아브라함의 하나님, 이삭의 하나님, 야곱의 하나님 여호와라 하라 이는 나의 영원한 이름이요 대대로 기억할 나의 표호니라"(출 3:13-15)

하나님의 이름은 스스로 하나님께서 취하시는 생명 그 자체입니다. 하나님께서 자신을 전능의 하나님이라고 말씀하시면 그것이 하나님의 이름이 되고 나는 질투의 하나님이라고 말씀하시면 그것이 하나님의 이름이 됩니다.(창 17:1. 출 34:14) 나는 기묘니라(삿 13:18). 나는 지존무상이다.(사 57:15) 등등 성경에는 하나님께서 그때그때 필요하실 때마다 당신의 이름을 밝히셨는데 그 이름이 바로 하나님 자신을 표현하는 이름이 되었습니다.

또 살아계신 하나님을 발견하고 그 상황에 맞추어 하나님의 이름을 부르는 경우도 마찬가지였습니다. 하갈이 하나님을 감찰하시는 하나님이라고 부른 것이라든지 아브라함이 모리아산에서 하나님을 여호와 이레라고 불렀던 것과 같은 경우입니다. 그러나 이 모든 이름은 오직 하나님 한 분에게만 적용되는 이름이었습니다. 어떤 세상의 신들도 공유할 수 없는 홀로 하나이신 하나님의 이름들이었던 것입니다.

"여호와께서 천하의 왕이 되시리니 그 날에는 여호와께서 홀로 하나이실 것이요 그 이름이 홀로 하나이실 것이며"(슥 14:9)

하나님의 이름과 능력

세상에서도 이름이 능력을 발휘하기도 합니다. 어린자녀에게 들려주는 동화이야기에도 호랑이보다 능력 있는 이름은 바로 우는 아기도 그치게 한다는 곶감이라는 이름입니다. 또 세상에서 유명한 이름은 재물을 가져오기도 하고 사람들을 벌벌 떨게도 합니다. 세상 종교에서도 자기가 추종하는 신들의 이름으로 복을 빌기도 하고 능력을 원하기도 합니다. 이처럼 세상에 하찮고 죽은 것들의 이름도 나름대로 능력을 발휘한다면 살아계신 하나님의 이름은 어떤 능력을 가지고 계실까요?

성경에서 하나님의 이름은 곧 하나님의 능력 자체입니다. 하나님이 택한 백성에게 주신 가나안 땅이 왜 그렇게 중요합니까? 바로 하나님의 이름을 두신 곳이기 때문입니다. 이스라엘 민족은 하나님의 이름을 두시려고 택한 그곳에 살아야 했고 그 곳에서 대대손손 하나님의 이름을 힘입어 살아야 했습니다. 그들이 하나님의 이름을 영광스럽게 하면 축복을 받았지만 하나님의 이름을 욕되게 하면 그들은 저주를 받고 심지어 하나님의 이름을 더럽게 한 약속의 땅에서 쫓겨나 유리하는 삶을 살기도 하였습니다. 그러나 그들이 하나님의 이름을 거룩하게 여기고 하나님의 이름을 섬기며 살면 다른 이방나라들이 그들을 두려워하게 하셨습니다. 이것이 이스라엘의 살아있는 역사입니다.

"오직 너희 하나님 여호와께서 자기 이름을 두시려고 너희 모든 지파 중에서 택하신 곳인 그 거하실 곳으로 찾아 나가서"(신 12:5)

"네가 네 하나님 여호와의 명령을 지켜 그 길로 행하면 여호와께서 네게 맹세하신 대로 너를 세워 자기의 성민이 되게 하시리니 너를 여호와의 이름으로 일컬음을 세계만민이 보고 너를 두려워하리라"(신 28:9-10)

소년 다윗이 자기의 몇 배되는 골리앗 장군을 무너뜨린 능력이 무엇입니까? 돌팔매를 잘해서가 아니라 하나님의 이름으로 능력을 행했기 때문입니다.(삼상 17:45) 또 엘리사 선지자의 저주로 암콤 두 마리가 엘리사를 조롱한 42명의 아이들을 찢어 죽인 이유가 무엇입니까? 바로 하나님이 보내신 선지자를 조롱한 악한 자들을 하나님의 이름으로 저주하였기 때문이었습니다. 이처럼 하나님의 이름은 하나님의 이름을 믿고 의지하는 자에게는 견고한 망대이지만(잠 18:10) 하나님의 이름을 멸시하고 훼방하는 자에게는 처참하게 죽임을 당하는 저주의 칼이기도 한 것입니다.

하나님의 이름을
망령되이 일컫는 죄란?

첫 번째 거듭나지 못한 자가 하나님의 이름으로 예언을 말하고 백성을 가르치는 것입니다. 그들은 구약시대에 거짓 예언을 했던 거짓 선지자들이며 신약시대에 종교 지도자들입니다. 그들은 하나님이 보낸 자가 아님에도 스스로 선지자 노릇하며 하나님의 말씀을 빙자하여 이스라엘 민족을 속였습니다. 그들은 하나님의 말씀을 그대로 전하지 아니하고 축복을 저주로 저주를 축복으로 바꾸어 전했습니다. 그들은 하나님의 이름을 이용하여 자기의 배를 불리는 거짓 선지자들이었습니다.

이러한 모습은 21세기에도 여전합니다. 하나님과 아무 관계가 없는 자들이 거짓 인도자가 되어 수많은 영혼들을 사단의 종교적인 제물로 만들고 있습니다. 이들은 천국 문 앞에서 자기들도 들어가지 않고 자기가 인도하는 자들도 못 들어가게 하는 자입니다. 문제는 세상이 이러한 거짓 인도자들로 넘쳐나고 있다는 것입니다.

"너희가 도적질하며 살인하며 간음하며 거짓맹세하며 바알에게 분향하며 너희의 알지 못하는 다른 신들을 좇으면서 내 이름으로 일컬음을 받는 이 집에 들어와서 내 앞에 서서 말하기를 우리가 구원을 얻었나이다 하느냐 이는 이 모든 가증한 일을 행하여 함이로다"(렘 7:9-10)

"그날에 많은 사람이 나더러 이르되 주여 주여 우리가 주의 이름으로 선지자 노릇하며 주의 이름으로 귀신을 좇아내며 주의 이름으로 많은 권능을 행치 아니하였나이까 하리니 그때에 내가 저희에게 밝히 말하되 내가 너희를 도무지 알지 못하니 불법을 행하는 자들아 내게서 떠나가라 하리라"(마 7:22)

두 번째는 거듭나지 못한 자가 하나님의 이름으로 맹세하는 모든 것들입니다. 구약에서 만일 누구든지 하나님의 이름으로 맹세하면 반드시 지키라고 명령하셨습니다. 만약 맹세하고 지키지 않으면 하나님의 진노의 심판을 받게 되는 것입니다. 그러나 거듭나지 못한 자들은 아무 생각 없이 하나님의 이름으로 맹세하고 또 함부로 하나님의 이름으로 서약을 합니다. 그러나 자기가 무엇을 맹세하고 서약했는지 기억조차 하지 못합니다.

지금도 마찬가지입니다. 대다수 거듭나지 못한 크리스천들이 자기의 정욕대로 하나님의 이름을 팔아 이것저것을 구합니다. 그러나 썩어질 것을 구하지 말라고 하신 하나님의 말씀을 무시해

버립니다. 사단의 도구가 되어 악의 능력으로 하나님의 이름을 도용하여 머리에 안수를 하고 축복을 하며 병든 자에게 안수를 해줍니다. 그러나 이 모든 것이 모두 하나님의 이름을 망령되이 하는 행위라는 것을 깨닫지 못합니다.

"너희는 내 이름으로 거짓 맹세함으로 네 하나님의 이름을 욕되게 하지 말라 나는 여호와니라"(레19:12)

"내 이름을 멸시하는 제사장들아 나 만군의 여호와가 너희에게 이르기를 아들은 그 아비를 종은 그 주인을 공경하나니 내가 아비일찐대 나를 공경함이 어디 있느냐 내가 주인일찐대 나를 두려워함이 어디 있느냐 하나 너희는 이르기를 우리가 어떻게 주의 이름을 멸시하였나이까 하는도다"(말 1:6)

세 번째로 거듭나지 못한 자가 하나님의 이름으로 하는 모든 종교적 행위들입니다. 이스라엘 민족 중에 종교적 지도자들인 바리새인, 사두개인, 서기관 같은 사람들은 하나님의 이름에 아주 예민한 사람들이었습니다. 특히 서기관 같은 이들은 성경을 기록할 때마다 하나님의 이름이 나오면 쓰던 붓을 바꾸어 쓸 정도로 하나님의 이름을 거룩하게 여겼던 사람들입니다. 이들은 하나님의 이름을 함부로 입에 담지 않았습니다. 그러나 하나님은 그들의 행위가 오히려 하나님의 이름을 욕되게 하는 것이라고 지적하셨습니다.

"기록된 바와 같이 하나님의 이름이 너희로 인하여 이방인 중에서 모독을 받는도다" (롬 2:24)

지금도 마찬가지입니다. 아무리 하나님의 이름을 거룩하게 부르고 찬양하고 기도하고 예배를 드려도 거듭나지 못한 자의 모든 행위는 오히려 하나님의 이름을 욕되게 하는 행위라는 것입니다. 예를 들어 추석에 차례 지낼 때 전혀 자기와 관계없는 조상의 지방을 붙여놓고 제사제물을 정성스럽게 차려놓고 절하며 자기 자녀들에게 절하라고 하는 무지한 사람들이 있습니까? 없습니다. 하물며 세상에서도 자기 부모나 조상들의 이름을 확실히 알고 그 이름에 절하고 제사를 모신다면 어떻게 마귀의 자녀들이 살아계신 하나님의 이름 앞에 나와 살아계신 하나님을 자기들의 하나님 아버지라고 부르며 경배하고 찬양할 수 있겠습니까? 그럴 수 없습니다.

부모를 잃고 길에서 거지로 살아가는 아이가 자기를 낳아준 부모와 닮았다고 해서 지나가던 사람에게 자기를 낳아준 부모라고 우기며 아빠, 엄마라고 부르며 재롱을 떨면 불쌍하게 생각할 수는 있겠지만 자기 자녀로 삼아주겠습니까? 그럴 수 없습니다. 하나님도 마찬가지입니다. 그러므로 살아계신 하나님의 이름을 쓸 수 있는 자는 오직 하나님께서 말씀으로 낳은 거듭난 자녀들뿐입니다.

"그가 그 조물 중에 우리로 한 첫 열매가 되게 하시려고 자기의 뜻을 좇아 진리의 말씀으로 우리를 낳으셨느니라"(약 1:18)

예수 그리스도라는 이름

두통, 치통, 생리통에 필요한 약은 00의 이름을 가지고 있는 두통약입니다. 상처가 났다면 000라는 이름의 연고를 발라야 합니다. 또 불치병이 걸렸으면 000라는 항생제가 필요합니다. 그렇다면 죄로 인하여 죽는 병에는 어떤 이름의 약이 필요할까요? 바로 예수라는 이름입니다. 세상에서 사망에서 생명으로 옮겨주는 유일한 이름은 예수라는 이름 하나 밖에 없습니다. 왜냐하면 예수라는 이름이 구원이라는 뜻을 가지고 있는 유일한 이름이기 때문입니다.

"다른 이로서는 구원을 얻을 수 없나니 천하 인간에 구원을 얻을 만한 다른 이름을 우리에게 주신 일이 없음이니라 하였더라"(행 4:12)

구약에서 하나님의 이름을 두시려고 택하신 곳은 예루살렘에 있는 하나님의 성전이었습니다. 그러나 구약의 성전은 앞으로 오실 예수 그리스도의 모형이었습니다. 그래서 예수께서 성전을 보시면서 이 성전을 헐라 내가 사흘 만에 다시 세우리라고 하셨던 것입니다. 왜냐하면 예수께서 이 세상에 오시므로 하나님의 이름을 두시는 곳이었던 성전이 사람이신 예수 그리스도로 바뀌었던 것입니다.(요 2:19) 다시 말해서 예수 그리스도가 거룩하신 하나님의 이름을 두시는 성전이 되신 것입니다.

예수라는 이름은 하나님의 모든 지혜와 능력과 권세가 엑기스되어 있는 하나님의 또 다른 이름입니다. 즉 영이신 하나님께서 사람의 모양으로 이 세상에 오신 하나님의 또 다른 이름인 것입니다. 하나님은 하나님의 아들로 오신 이에게 새 이름을 주셨는데 그것이 바로 사람들을 죄에서 구원하실 수 있는 예수라는 이름인 것입니다. 그러므로 누구든지 예수의 이름을 믿으면 영생을 얻을 수 있습니다.(요 1:12) 또 그의 이름으로 영생을 얻은 거듭난 자는 또 예수의 이름으로 무엇이든지 하나님의 뜻 안에서 구하면 받을 수 있는 능력까지 허락받았습니다.(요 14:13-14)

이제 참으로 구원받는 자는 모든 이름 위에 뛰어난 이름을 소유한 자가 되었고(빌 2:9-10) 누구도 알 사람이 없는 이름을 새긴 자가 되었습니다.(계 2:17) 그리고 나를 죄와 사망의 권세에서 구하신 구원의 이름 곧 나의 구세주 예수라는 이름은 이제 나의 이마에 기록되어 하나님만 확인하실 수 있는 표가 되었습니다. 하나님의 거룩하고 살아있는 이름이 그 이마에 써 있는 자는 구약의 제사장의 이마에 '하나님께 거룩'이라는 말이 쓰여 있는 두건을 쓰듯이 자기 이마에 거룩한 예수의 이름이 기록되어 있다는 것입니다. 그러므로 거듭난 자만이 3계명을 지킬 수 있는 능력이 있는 것입니다.

"다시 저주가 없으며 하나님과 그 어린 양의 보좌가 그 가운데 있으리니 그의 종들이 그를 섬기며 그의 얼굴을 볼터이요 그의 이름도 저희 이마에 있으리라"(계 22:3-4)

우리는 죄 가운데 태어나 하나님의 거룩하신 이름을 부를 수도 없는 죽은 자였습니다. 그럼에도 사단에게 속아 거룩하신 하나님의 이름을 도용하고 자기 정욕을 위해 주의 이름을 망령되게 사용하고 있습니다. 세 번째 계명을 통하여 주님의 이름을 욕되게 하는 죄를 깨닫게 하시고 거룩하신 주님의 이름으로 돌이켜 그 능력의 이름으로 거룩함을 입게 하옵소서. 주님의 이름으로 기도드립니다. 아멘.

죄에 대하여 죽었음을 보여주는
네 번째 거울

"안식일을 기억하여 거룩히 지키라 엿새동안은 힘써 네 모든 일을 행할 것이나 제 칠일은 너의 하나님 여호와의 안식일인즉 너나 네 아들이나 네 딸이나 네 남종이나 네 여종이나 네 육축이나 네 문안에 유하는 객이라도 아무 일도 하지 말라 이는 엿새 동안에 나 여호와가 하늘과 땅과 바다와 그 가운데 모든 것을 만들고 제 칠일에 쉬었음이라 그러므로 나 여호와가 안식일을 복되게 하여 그 날을 거룩하게 하였느니라"(출 20:8-11)

안식이란 무엇인가?

안식이란 편안히 쉬는 것을 말합니다. 안식安息이라는 한자의 의미를 보면 편안할 안安자는 사람이 신 앞에서 깍지를 끼고 무릎 꿇고 있는 모습이며, 쉴 식息은 코와 마음의 합성어로 숨을 쉬는 모습을 뜻하고 있습니다. 다시 말하자면 참 쉼이라는 것은 신 앞에서 마음으로 숨을 쉬는 모습을 뜻한다고 볼 수 있습니다. 이 모습은 사람이 처음 창조될 때 그 코에 생기를 불어넣어 주심으로 마음에 하나님의 영이 들어와 하나님을 섬기는 사람의 모습이 된 것과 같은 이치입니다.

"여호와 하나님이 흙으로 사람을 지으시고 생기를 그 코에 불어 넣으시니 사람이 생령이 된지라"(창 2:7)

우리는 세상에서 일이나 어떤 행동을 멈추는 것을 쉬는 것으로 생각합니다. 그러나 엄밀히 말하면 그것은 육체의 일을 잠시 그친 것이지 정신이나 마음이 쉬는 것은 아닙니다. 또 종교적인 방법이나 심리적인 방법으로 또는 약물을 이용하여 정신을 안정시키고 마음을 일시적으로 가라앉힐 수는 있겠지만 그렇다고 해서 안식을 누리게 되는 것은 아닙니다.

예를 들어 일 년 중에 공일로 지정된 날은 쉬는 날 곧 공휴일이라고 합니다. 그러나 그 공휴일이 나의 영혼을 쉬게 하지는 않습니다. 또 아프거나 몸을 다쳤거나 필요에 의해 일을 못하게 되면 우리는 쉰다고 말합니다. 그러나 그 쉼은 차라리 평상시대로 일하는 것이 더 나은 것이 됩니다. 병상에서 쉬는 것은 또 다른 고통스러운 일이기 때문입니다. 왜냐하면 육체나 마음이 모두 괴로운 일이기 때문입니다.

제가 군에 입대한 훈련병시절 일요일만 되면 종교행사에 나가려고 모두들 난리가 났습니다. 그러나 그것은 사역을 나가는 대신 종교행사에 나가서 육체적 노동을 쉬려는 것이지 참으로 쉬는 시간은 주어지지 않았습니다. 만약 노동을 안 하는 것이 쉬는 것이라면 왜 공휴일이 더 힘들게 느껴질까요? 또 직장을 잃고 매일 쉬게 되었을 때 왜 일 안 하고 집에서 쉬는 것이 더 괴로울까요? 내가 휴일에 등산이나 낚시 또는 취미생활이나 내가 좋아하는 스포츠를 할 때 왜 그런 것들이 나의 육체에게는 피로감을 줄까요?

왜 그러한 취미생활과 여가생활이 나에게 참 쉼을 주지 못할까요? 만약 내가 잠자는 것이 쉬는 것이라면 자면서도 가위에

눌리고 꿈에 놀라 식은땀을 흘리고 이리저리 뒤척이며 잠을 설치게 될까요? 왜 갓난아이는 잠이 드는 것을 싫어하고 잠이 깰 때도 울어버릴까요? 왜 편안히 잠든 갓난아이를 살았는지 죽었는지 확인해봐야 할까요? 만약 죽은 자들에게 이제 더 이상 고통당하지 말고 평안히 쉬라는 말이 사실이라면 왜 죽기를 두려워할까요? 빨리 죽으면 편안해질 수 있는데도 말입니다.

세상에 안식이 없는 이유

사람으로서 최초로 안식을 경험한 자는 바로 아담입니다. 그는 하나님이 이 세상을 창조하시고 모든 일을 마치시고 안식하실 때 하나님과 함께 안식을 누렸던 사람입니다. 하나님은 그의 형상을 닮은 사람에게 첫 번째 누리게 하신 것이 바로 안식이란 것입니다. 그러므로 아담이 처음 누렸던 안식이 어떤 것인가를 살펴보는 것이 중요합니다.

첫 번째 아담이 누렸던 안식은 수고와 노동 끝에 이루어지는 것이 아니었습니다. 아담은 수고와 노동이 필요 없이 창조주이신 하나님 안에서 안식을 누렸습니다. 아담은 자신의 생명을 위해 어떤 것도 해야 할 필요가 없었습니다. 쉽게 말하면 기본적인 욕구 즉 무엇을 먹을까, 무엇을 마실까, 무엇을 입을까를 걱정하고 염려하지 않았다는 것입니다. 아담은 하나님께서 그에게 주신 영원한 생명을 보호하고 유지하고 지키기만 하면 되었습니다. 바로 하나님이 지시한 선악과만 먹지 않으면 되었던 것입니다. 그 이외에 모든 것은 죄 아래에서 태어난 우리처럼 걱정하고 근심하고 염려할 필요가 없이 하나님께서 모든 것을 주셨기 때문입니다. 그러므로 누구든지 자기의 생명을 위해 걱정과 염려를 하는 자는 참 쉼이 없는 자입니다. 왜냐하면 안식이란 쉼을 위해 어떤 일도 할 필요가 없는 하나님의 창조물이기 때문입니다.

두 번째 아담은 죄가 없었기에 참 쉼을 누렸습니다. 죄가 없는 삶 자체가 안식을 누리는 삶입니다. 반대로 죄가 있는 삶 자체가 안식이 없는 삶이라는 것입니다. 죄가 없었던 아담은 그 모든 날이 안식이며 참 쉼을 누리는 삶이었습니다. 그러나 죄로 타락한 후 더 이상 아담에게는 안식이라는 것이 없었습니다. 비록 그가 하나님의 은혜로 가죽옷을 입었을지라도 더 이상 그는 에덴동산의 안식에 들어갈 수가 없었습니다. 왜냐하면 아담 안에 들어온 죄는 쉬지 못하게 하는 악을 만드는 공장이기 때문입니다. 그러므로 누구든지 그 안에 죄가 있는 자는 결코 하나님의 안식을 누릴 수가 없습니다.

그렇다면 이 세상에 죄가 없는 곳이 어디에 있습니까? 세상 어디에도 죄의 권세가 없는 곳이 없습니다. 죄로 타락한 후 이 세상 모든 만물은 죄로 더럽혀졌습니다. 죄가 있는 곳에 안식은 존재하지 않습니다. 악인에게는 평강의 안식이 그 안에 존재하지 않습니다.

"내 하나님의 말씀에 악인에게는 평강이 없다 하셨느니라" (사 57:21)

그러므로 악인들이 사는 이 세상에는 안식이 없습니다. 만약 세상에 안식할 곳이 참으로 있었다면 하나님의 아들 예수께서 이 세상에 오셨을 때 그곳에 가셨을 것입니다. 그러나 예수님은 여우도 굴이 있고 새도 거처가 있으되 오직 인자는 머리 둘 곳이 없다고 하셨습니다.(마 8:20) 바로 세상에 하나님의 안식처가 없다는 말씀입니다. 사단의 권세 아래에서 죄에 물든 모든 세상은 하나님이 주신 안식을 잃어버렸습니다. 그래서 피조물들이 지금까지 탄식하며 안식을 누리지 못하는 고통을 하나님께 부르짖고 있는 것입니다.

"피조물이 다 이제까지 함께 탄식하며 함께 고통하는 것을 우리가 아나니"(롬 8:22)

세 번째로 아담에게는 죽음이 없었습니다. 사망의 권세가 없어야 하나님의 영원한 안식이 누려집니다. 하나님의 품에서 영원한 안식을 누리는 것이 아담에게 주어진 칠일 째 축복이었습니다. 6일 동안 창조를 마치시고 하나님은 당신이 기뻐하셨던 사람과 안식을 누리기를 원하셨습니다. 하나님은 사람에게 무엇을 하기를 원하지 않으셨습니다. 아기가 태어난 후 엄마 품에 안겨 편안히 잠든 것처럼 하나님의 품에 안겨 편안히 쉼을 누리기를 원하셨던 것이 칠일의 안식이었습니다. 그러나 사단의 꾀에 넘어가 하나님의 안식을 깨뜨리고 하나님이 사람과 함께 누리셨던 안식을 더럽혔습니다. 아담은 더 이상 하나님과 함께 할 수 없는 더러운 자가 되었습니다.

　죄로 타락한 아담은 죄와 사망의 권세에 갇혔습니다. 비록 아담과 하와는 하나님의 은혜로 그 권세에서 나올 수 있는 가죽옷의 비밀의 해답을 얻었지만 아담의 후손들은 누구나 태어나면서부터 사단의 권세 아래 죄인으로 태어나게 된 것입니다. 죽음의 권세 아래 태어난 모든 사람은 사는 동안 절대로 안식하지 못합니다. 왜 우리는 밤에도 쉬지 못합니까? 죽음의 종노릇하기 때문입니다. 세상 어디에 죽음의 그림자가 없는 곳이 어디 있습니까? 이 세상은 우주를 포함해서 모두 죽음의 권세 아래 갇혔습니다. 그래서 어디를 가도 세상에는 안식처가 없습니다.

사단의 속임수와 4계명

사단은 죄 아래에서 종노릇하는 자들에게 잃어버린 하나님의
안식을 찾지 못하도록 육적인 쉼을 하나님이 주시는 안식으로
인식시켰습니다. 사실 아담이 범죄함으로 하나님의 안식을
잃어버린 후 인류는 안식이라는 말 자체를 잊고 살았습니다.
사냥과 수렵시대에는 생존을 위해 끊임없이 사냥해야 했고
농경사회에서도 생존을 위해 끊임없이 일해야 했습니다.
공업사회에는 더욱 바빠져 일에 빠져서 살아야 했고 21세기인
지금은 쉬는 것 자체가 생존경쟁에서 탈락하는 시점이 되어
버렸습니다.

살아계신 하나님은 이스라엘 민족에게 먼저 잃어버린 안식이
무엇인지를 깨닫도록 하셨습니다. 안식일을 지켜 그들이 잃어버린
안식이 무엇이고 그 안식을 다시 얻으려면 어떻게 해야 할
것인지를 깨닫기를 원하셨습니다. 먼저 안식일에는 어떤 일도 하지
못하도록 하심으로 하나님의 안식이 우리 안에 없음을 깨닫게

하셨습니다.

그럼에도 이스라엘 민족은 안식일을 육신으로 지키기 위해 39가지 규례를 만들어 스스로 안식일을 지키려고 노력했습니다. 그러나 그 안식일을 지키기 위하여 그들의 고통은 이루 말할 수 없는 것이었습니다. 안식이 천국이 아니라 오히려 지옥의 날이 된 것입니다. 지금도 교회에 나오는 것을 안식일을 지키기 위해서 나오는 것으로 여긴다면 그는 교회에서 지옥생활을 경험하게 됩니다.

또 이스라엘 민족에게 주신 안식일은 오직 하나님의 말씀을 묵상하고 하나님만 생각하는 날로 정하였습니다. 그 이유는 바로 안식을 창조하신 분이 하나님이시기 때문입니다. 그러나 정작 이스라엘 민족은 하나님의 말씀의 의도는 알아차리지 못하고 안식일을 지키는 자부심만 자랑거리로 삼았습니다. 과연 하루 벌어서 하루 먹고사는 대부분의 사람들은 이런 고상하고 거룩한 안식일의 가치를 상상할 수 있을까요? 지금도 마찬가지입니다. 주일날 물건을 사지 못하게 하고 주일날 오락과 유흥을 금한다고 해서 안식을 누리게 될까요? 주일날 설교가 주말에 즐기는 영화나 연극이나 콘서트보다 더 가치 있게 여기는 사람이 얼마나 될까요? 부모를 따라 억지로 교회를 따라 나가는 자녀들이 과연 주일을 즐거워할까요? 아니면 괴로운 날로 여길까요?

더구나 구약시대에는 안식일을 어기면 바로 죽음이었습니다. 민수기에서 이스라엘 민족 중에 한 사람이 안식일 날 나무하러 갔다가 붙잡혀 왔을 때에 하나님은 그를 돌로 쳐서 죽이라고 명령하셨습니다. 이러한 것을 듣고 지금도 주일날 교회에 빠지면 하나님이 재앙을 내리실 것으로 믿고 두려워 주일을 지키는 사람들이 많습니다. 마치 학교에 지각하거나 결석하면 선생님께 혼날 것을 두려워하는 학생처럼 교회를 다니는 것입니다. 유대인들이 안식일을 지키지 못할 것을 늘 염려하고 두려워하듯 21세기 크리스천들 역시 주일을 지키지 못할까 봐 늘 두려워하는 모습이 같은 이유가 무엇일까요?

4계명을 깨뜨린 예수님

　유대 종교지도자들이 예수님을 죽이려고 했던 이유 중의 하나가 안식일을 어기는 것입니다. 예수님은 병자를 고쳐줄 때 하필이면 안식일 날을 골라서 고쳐주셨습니다. 안식일을 율법적으로 해석하는 유대인들로서는 안식일에 무엇을 하느냐가 중요한 것이 아니었습니다. 바로 왜 안식일 날 일을 하느냐 라는 것입니다. 요한복음 5장에서 38년 된 병자를 안식일 날 고쳐주셨다고 하여 예수님을 핍박하며 죽이려 하자 예수님은 그들에게 아버지께서 지금까지 일하시니 나도 일하신다고 말씀하심으로 유대인들을 더욱 화나게 만드셨습니다.

　그러나 이것은 화낼 일이 아니라 그들이 잃어버린 안식을 하나님께서 다시 주시려고 아들을 이 세상에 보내신 증거였습니다. 아담의 죄로 말미암아 정작 안식을 누리지 못하신 분은 하나님 자신이셨습니다. 하나님은 인간의 죄로 인하여 깨져버린 안식을 다시 재창조하시기 위하여 육신을 입고 이 세상에 아들의 모양으로 오셨습니다. 그리고 하나님의 안식을 누리지 못하게 하는 수고와 노동의 법칙을 십자가에서 죽으심으로 끝나게 하셨습니다. 또 안식을 누리지 못하게 하는 죄를 십자가에서 피를 흘리시므로 사하시고 죄의 대가를 모두 당신의 몸으로 치루셨습니다. 또 사망의 권세가 안식을 누리지 못하게 하는 것을 십자가에서 대신 죽으심으로 나대신 사망의 맛을 보심으로 더 이상 죽음이 하나님의 안식을 빼앗지 못하도록 하셨습니다.

예수께서 왜 안식일 날 무덤에 계셨습니까? 아담의 죄로 깨져버린 안식을 새롭게 창조하시려고 나의 죄를 대신 짊어지시고 죽음을 맛보신 것입니다. 그리고 그 안식일 날 예수와 함께 나도 그곳에 있었던 것입니다. 하나님의 안식을 누리려면 먼저 안식일 날 예수 그리스도와 함께 육이 죽어야 합니다. 그리고 안식일이 지난 후 부활하실 때 함께 살아나야 합니다. 그러므로 4계명의 안식일은 내가 종교적으로 지키는 날이 아니라 나의 죄로 인해 하나님의 안식을 잃어버린 옛사람이 예수와 함께 죽는 날이어야 합니다.

안식일과 주의 첫날

안식일과 주의 첫날은 전혀 다른 날입니다. 안식일은 죄로 인하여 죽은 날이라면 주의 첫날은 예수와 함께 부활한 날입니다. 그러므로 신약의 구원받은 성도들은 안식일을 지키는 것이 아니라 부활한 주의 첫날을 기념하는 것입니다. 오순절 날 성령이 오셔서 죄로 죽은 자들에게 회개의 영을 주시고 성령으로 거듭나게 하신 후 그들은 안식일을 지키지 않고 주의 첫날 모였습니다. 왜냐하면 그날이 바로 주의 성령이 역사하는 날이었기 때문입니다.(행 20:7. 고전 16:2)

"주의 날에 내가 성령에 감동하여 내 뒤에서 나는 나팔 소리 같은 큰 음성을 들으니"(계 1:10)

이제 구원받은 성도들에게 안식일은 어떤 날짜가 아닙니다. 내가 주안에 있는 모든 날이 안식일입니다. 내가 일할 때나 운동할 때나 공부할 때나 잠잘 때나 식사할 때나 그 어떤 때에도 나는 안식을 누릴 수 있습니다. 왜냐하면 내 안에 들어오신 예수 그리스도 안에서 안식이 늘 누려지기 때문입니다. 그리스도 안에서는 더 이상 안식을 누리기 위해 일하지 않습니다. 우리가 수고하고 일하는 것은 쉬기 위해 하는 것이 아니라 주님의 일을 하기 위해 일하는 것입니다. 우리가 이 세상에서는 쉴 곳이 없지만 이 육신을 벗으면 영원히 쉴 곳을 예비하셨다고 예수님은 성경에 약속하셨습니다.

또 예수 그리스도 안에는 더 이상 죄가 없기 때문에 참 쉼을 누릴 수 있습니다. 아무리 풍랑이 거세도 그 흉흉한 파도도 10미터만 내려가면 아주 잔잔하다고 합니다. 마찬가지로 육의 풍랑이 아무리 거세게 나를 흔들어대도 나의 깊은 심령 속에는 영원한 쉼이 누려진다는 것입니다. 더구나 거듭났다는 것은 사망에서 생명으로 옮겨진 사실이 분명히 내 안에 있다는 것입니다.

그러므로 아무리 세상 나그네길이 험하고 힘들어도 죽기를 무서워하므로 일생에 종노릇하는 육신의 어리석음을 취하지 않게 됩니다. 오히려 사망의 권세를 대적하며 사망을 이기는 예수 그리스도의 능력으로 이 세상을 헤쳐 전진해 나가는 삶을 살아갑니다. 이것이 진정으로 거듭난 사람이 그리스도 안에서 누리는 영원한 안식이라는 것입니다. 거듭난 사람에게 4계명은 지켜야 하는 법이 아니라 예수 그리스도 안에서 지켜지는 법인 것입니다.

"이미 그의 안식에 들어간 자는 하나님이 자기 일을 쉬심과 같이 자기 일을 쉬느니라"(히 4:10)

죄 가운데서 태어난 자는 그 누구도 하나님의 안식을 누릴 수 없음을 4계명을 통하여 깨닫게 하옵소서. 오직 하나님이 보내신 독생자 예수 그리스도의 피로 내 죄가 모두 사함을 받고 성령이 내 안에 오심으로 참된 안식이 누려짐을 알게 하옵소서. 하나님의 안식은 내가 그리스도 안에 있을 때만이 누리는 하나님의 영원하신 축복임을 깨닫게 하옵소서. 주님의 이름으로 기도드립니다. 아멘.

죄에 대하여 죽었음을 알려주는
다섯 번째 거울

"네 부모를 공경하라 그리하면 너희 하나님 나 여호와가 네게 준 땅에서 네 생명이 길리라"(출 20:12)

21세기에 와서 십계명 중에 부모를 공경하라는 5계명은 더 이상 귀하게 여기지 않는 계명이 되었습니다. 특히 동양에서 가장 귀히 여겨졌던 효 사상도 퇴색하여 이제는 자녀에게 버림받지 않으면 다행인 세상이 되어 버렸습니다. 그렇게 된 것은 여러 가지 이유가 있지만 성경에서는 마지막 때에 부모를 거역하는 것이 당연시 될 것이라고 예언되어 있습니다. 물론 예전부터 죄인들이 부모에게 불순종하는 것은 늘 있어 왔지만 21세기에 들어와서 부모라는 본래의 위치가 무시되고 단순히 생물학적 부모의 모습만 남는 시대가 되어 가고 있는 것입니다.

"사람들은 자기를 사랑하며 돈을 사랑하며 자긍하며 교만하며 훼방하며 부모를 거역하며 감사치 아니하며 거룩하지 아니하며"(딤후 3:2)

21세기는 지식과 정보사회로서 오늘의 지식이 내일의 지식이 될 수 없는 사회입니다. 예전에는 부모가 가진 지식과 경험을 자녀에게 가르치므로 부모는 자녀들에게 존경받는 스승역할을 감당했습니다. 그러나 지금은 오히려 부모가 자식들에게 새로운 지식을 배워야만 살 수 있는 시대가 되어 버렸습니다. 예를 들어 휴대폰 사용방법이나 컴퓨터 사용방법을 알지 못하면 자녀들과

소통이 될 수 없는 시대가 되어 버린 것입니다. 결국 21세기 지식 정보 사회에서 부모는 앞서가는 지식을 갖고 있는 자녀들에게 무시당하고 소외당할 수밖에 없는 처지가 된 것입니다.

또 21세기는 초고령 사회입니다. 옛날처럼 한 세대가 가고 한 세대가 오는 자연스러운 세대교체가 되지 않고 다음세대에 무한 책임을 지우는 거추장스러운 짐으로 전락되었습니다. 더 이상 노인이 존경받는 사회가 아니라 골치 아픈 사회문제가 되어 버린 것입니다. 더구나 자녀를 많이 낳지 않고 한 자녀만을 낳는 시대이다 보니 형제들이 많았던 시절 부모를 공동으로 협력하여 모시는 것이 아니라 혼자 책임져야 하는 상황이 되었고 그로인해 부모에 대한 자녀의 책임이라는 것이 아예 없어지게 된 것입니다.

그래서 베이비붐 세대는 마지막 부모를 모시는 세대이면서 더 이상 자녀들에게 부양을 맡기지 못하는 첫 세대가 되어 버렸습니다. 더구나 21세기는 계속되는 경제 불황과 미래에 대한 불확실성 시대이므로 자기 한 몸 살기에 급급한 시대입니다. 더 이상 자녀가 부모에 대해 신경 쓸 겨를이 없는 시대가 된 것입니다. 그렇다면 지금 같은 21세기에 부모를 공경하라는 5계명은 지킬 수 없는 허울 좋은 계율일까요?

율법시대의 5계명

율법시대에서 5계명은 지금처럼 무의미한 계명이 아니었습니다. 만약 5계명을 어기는 자가 있다면 죽임을 당하는 무서운 계명이었습니다.

"네 부모를 공경하라 그리하면 너의 하나님 나 여호와가 네게 준 땅에서 네 생명이 길리라"(출 20:12)

"사람에게 완악하고 패역한 아들이 있어 그 아비의 말이나 그 어미의 말을 순종치 아니하고 부모가 징책하여도 듣지 아니하거든 그 부모가 그를 잡아가지고 성문에 이르러 그 성읍 장로들에게 나아가서 그 성읍 장로들에게 말하기를 우리의 이 자식은 완악하고 패역하여 우리 말을 순종치 아니하고 방탕하며 술에 잠긴 자라 하거든 그 성읍의 모든 사람들이 그를 돌로 쳐 죽일지니 이같이 네가 너의 중에 악을 제하라 그리하면 온 이스라엘이 듣고 두려워하리라"(신 21:18-21)

그러나 죄로 타락한 인간은 절대로 하나님이 명령하신 5계명을 지킬 수 없습니다. 물론 율법의 의무로 지키려고 노력하거나 강제적으로 지킬 수는 있지만 마음으로는 지키지 못하는 것이 5계명입니다. 사실 왜 부모를 공경해야 하는지 그 이유조차 알지 못합니다. 왜 부모를 공경해야 합니까? 왜 사람은 자기를 낳아준 부모에 대하여 효도를 해야 할까요? 가장 확실한 대답은 나를 이 세상에 태어나게 해주셨기 때문입니다. 그러나 자기가 이 세상에 태어난 사실에 대하여 부모에게 거짓 없이 감사합니까? 의무감이나 양심상 감사하려고 애쓰는 것이지 진정으로 감사하는 자는 없습니다. 왜 그렇습니까?

그것은 이 세상이 저주의 세상이고 죄악으로 고통 받는 세상이기 때문입니다. 만약 이 세상이 고통과 슬픔과 괴로움이 없는 천국이라면 자기를 낳아준 부모에게 진정으로 감사하게 될 것입니다. 왜냐하면 사는 것이 축복되기 때문입니다. 그러나 죄 속에서 사는 것은 저주의 삶이기 때문에 결국 자기의 태어남을 저주하게 되고 결국 자기를 낳아준 부모를 원망하게 된다는 것입니다.

부자 부모를 둔 자녀가 자기 부모에게 참으로 감사할까요? 그렇다면 가난한 부모를 둔 자녀들은 자기 부모에 대하여 원망만 할까요? 그렇지 않습니다. 성경 시편 49편에 보면 깨닫지 못하는 사람은 짐승과 같다고 말씀하고 있습니다. 짐승들은 부모와 자녀의 관계가 분명히 선이 그어져 있습니다. 아무리 자기 새끼라도 스스로 독립할 때가 되면 부모는 자기 새끼를 떠나보내고 다시는 책임지지 않습니다. 짐승 새끼도 어느 날 독립할 때가 되면 더 이상 자기를 낳은 어미가 어미가 되지 않고 경쟁자가 됩니다. 사람이 하나님을 알지 못하면 이러한 짐승의 차원으로 전락되고 맙니다.

"존귀에 처하나 깨닫지 못하는 사람은 멸망하는 짐승같도다"(시 49:20)

그러나 사람은 스스로 짐승보다 낫다는 생각으로 교육을 통하여 부모와 자녀관계를 짐승차원으로 전락시키지 않기 위해 노력해 왔습니다. 특히 동양사상에서 효 사상은 사람을 사람답게 하기 위하여 스스로 만든 자구책이었습니다. 그러나 영이 죽은 자들이 만든 법이기에 부모가 살았을 때 적용하기보다는 죽은 부모에게 예를 다하는 전통으로 내려오게 됩니다. 우리나라에서 부모에 대한 삼년상은 사실 부모를 위한 행위가 아니라 자기의 효를 남에게 보여주려는 외적인 모습이기도 합니다. 물론 마음으로 부모를 위해서 할 수도 있겠지만 그것도 부모에 대한 자기 양심의 가책을 없이하고자 하는 자기 사랑의 방편밖에 안 되는 것입니다.

유대인들도 마찬가지였습니다. 마가복음 7장에 예수님이 율법에 종노릇하는 유대지도자들에게 고르반이라는 전통의 규례를 지적하는 것을 보게 됩니다. 유대인들은 항상 그들이 믿는 하나님께 예물과 물질을 드리려고 정하는 전통이 있었습니다. 물론 처음에는 하나님을 경외하는 마음으로 시작했을 것입니다. 예를 들어 고르반이라는 것은 자기가 하나님께 드릴 예물을 정하면 어떤 이유나 목적으로도 사용할 수 없는 것을 말합니다. 내가 쌀 한말을 하나님께 드리기로 작정했다면 집에 쌀이 떨어져 굶는 한이 있더라도 하나님께 드리려고 정한 헌물은 절대로 사용해서는 안 되는 것입니다.

그런데 유대인들은 이러한 그들의 전통을 교묘하게 악용하고 있었던 것입니다. 만약 부모가 당장 먹을 것이 없어서 굶는데도 그들은 하나님께 드리기로 작정한 헌물을 하나님께 드렸기 때문에 자기 부모가 굶어 죽든지 말든지 상관이 없다는 식이었다는 것입니다. 참으로 악한 것은 부모를 공경하지 않는 것이 악한 것이 아니라 부모를 공경하지 않는 이유를 하나님을 이용하여 그 명분을 만들었다는 것입니다. 이것이 죄인들의 모습이며 5계명을 지킬 수 없는 영혼이 죽은 자들의 실체입니다.

"너희는 가로되 사람이 아비에게나 어미에게나 말하기를 내가 드려 유익하게 할 것이 고르반 곧 하나님께 드림이 되었다고 하기만 하면 그만이라 하고 제 아비나 어미에게 다시 아무것이라도 하여 드리기를 허하지 아니하여 너희의 전한 유전으로 하나님의 말씀을 폐하며 또 이같은 일을 많이 행하느니라 하시고" (막 7:11-13)

그러므로 하나님께서 이스라엘 민족들에게 5계명을 주신 것은 단순히 부모를 잘 공경하면 축복받는다는 말씀이 아닙니다. 만약 그들이 부모를 공경할 수 있는 자라면 굳이 왜 부모를 공경하라고 명령하셨습니까? 그런 명령을 주시지 않아도 알아서 잘 할 텐데 말입니다. 그러나 그들은 부모를 거역하며 부모에게 불순종하므로 가정을 무너뜨리고 하나님의 기본질서를 어지럽힐 수 있는 악의 성품을 가지고 있다는 것을 하나님은 너무나 잘 아셨습니다. 만약 이스라엘 민족에게 5계명이 없었다면 그들은 지구상에서 일찌감치 없어진 민족이 되었을지 모릅니다. 과연 하나님께서 주신 5계명의 참 뜻은 무엇일까요?

하나님이 5계명을 주신 참 뜻

첫 번째로 부모는 하나님의 형상을 닮은 사람을 창조해 내는 하나님의 도구이기 때문에 공경해야 합니다. 부모가 자기와 똑같이 닮은 자녀를 낳는 것처럼 신기하고 기적 같은 일이 있을까요? 자기와 닮은 자녀를 낳을 수 있는 이 기적 같은 일은 하나님께서 자신의 형상을 닮은 사람을 만드신 창조의 일을 부모에게 맡기신 것입니다. 다시 말해서 하나님은 당신의 형상을 닮은 사람을 부모라는 도구를 통하여 창조하시기를 계획하신 것입니다. 그러므로 자녀들은 내가 낳았어도 내 것이 아니라 하나님의 것이 되는 것입니다. 부모는 다만 하나님의 창조의 일을 대행하는 도구일 뿐입니다.

예수님은 하나님 자신이시면서 우리와 같은 육신으로 태어나시기 위하여 법적인 아버지 요셉과 성령으로 잉태하여 세상에 태어나게 도운 어머니 마리아를 부모로 공경하셨습니다. 예수님은 자기의 소유자로서 부모를 공경한 것이 아니라 하나님의 뜻에 순종하여 자기를 세상에 태어나게 도운 하나님의 대리자로서

공경하였던 것입니다,

　　그러나 죄인으로 태어난 사람은 죄인을 낳게 됩니다. 하나님의 형상을 닮은 사람이 아닌 하나님의 형상 뒤에 사단의 성품을 닮은 사단의 자식들을 낳게 됩니다. 이러한 이유로 죄인들은 절대로 자기를 죄인으로 낳은 부모를 공경할 수 없습니다. 왜냐하면 그 안에 자기를 창조하신 하나님을 대적하는 사단의 성품이 있기 때문입니다. 그러므로 죄인들은 하나님을 대적하듯이 자기를 낳은 부모를 어릴 때부터 대적하는 모습을 취합니다.

　　두 번째로 부모는 자기 자녀를 하나님이 기뻐하시는 사람으로 양육하는 역할을 맡았기 때문에 공경해야 합니다. 하나님은 부모들에게 자기 자녀를 하나님의 사랑으로 양육시키고 하나님의 지혜로 가르침을 받으면서 독립적인 존재가 될 때까지 자녀들을 보호할 의무와 책임을 주셨습니다. 하나님을 기쁘게 하는 사람으로 자기 자녀를 양육하는 귀한 직책을 받은 것입니다. 예수님도 그의 육신의 부모들의 보호와 사랑으로 양육 받았습니다. 예수님은 하나님과 사람을 기쁘게 하는 온전한 사람으로 하나님께서 도구로 사용하신 부모의 양육을 받고 자랐던 것입니다.

　　그러나 죄인의 양육방식은 철저히 사단의 방법을 적용시킵니다. 하나님보다 세상을 사랑하는 법을 가르치고 사람을 사랑하는 법보다 사람을 이용하는 법을 가르칩니다. 결국 사단의 방법으로 자녀를 양육시키면 사단은 하나님의 질서를 무너뜨리는 곧 자기를 낳고 길러준 부모를 멸시하고 무시하는 존재로 자라게 하는 것입니다. 그리고 그 죄의 악순환은 반복되어 자자손손 내려가게 되는 것입니다.

세 번째로 비록 부모가 죄 가운데에서 자기 자녀를 낳았다 하더라도 그를 구원으로 인도하여 하나님의 새 생명을 얻게 하는 인도자 역할을 맡았기 때문에 공경하여야 합니다. 그러려면 먼저 부모가 죄로부터 구원을 받아야 합니다. 먼저 구원받은 부모는 자기의 자녀에게 가장 필요한 것이 하나님이 주시는 영원한 생명이라는 사실을 알기에 자기 자녀로 하여금 구원을 받게 하는 것을 최우선으로 삼습니다. 그리고 그러한 부모의 인도로 구원받은 자녀는 비로소 하나님이 원하시는 부모 공경하는 법을 제대로 배우게 됩니다.

예수님은 그의 육신의 부모를 위해서 십자가에서 죽으셨습니다. 이것처럼 부모를 공경하는 것이 어디에 있습니까? 과연 누가 자기 부모의 죄를 사하기 위하여 죽을 수 있습니까? 혹 죽는다 해도 자기 부모의 죄를 용서할 능력이 있는 자가 누가 있겠습니까? 그러나 예수님은 5계명을 완벽하게 지키신 유일한 아들이었습니다. 그러나 구원받지 못한 부모는 자기 자녀를 죄와 사망의 권세에서 종노릇하도록 부추기며 하나님보다 세상을 사랑하도록 권면하며 자기 영혼에 대해서는 자기처럼 방관자로 살도록 속입니다. 결국 그 대가는 부모의 영혼이 망한 것처럼 자기 자녀의 영혼도 망하게 하는 것입니다.

"저희가 이같은 일을 행하는 자는 사형에 해당하다고 하나님의 정하심을 알고도 자기들만 행할 뿐 아니라 또한 그 일을 행하는 자를 옳다 하느니라"(롬 1:32)

은혜시대의 5계명

율법시대가 아닌 은혜시대에서는 5계명도 새로운 적용법이 필요합니다. 율법시대에서 부모에게 불순종하는 것은 죽음이었습니다. 만약 부모가 자기 자녀에게 우상을 섬기도록 인도한다면 부모를 죽이는 것이 하나님의 법이었습니다. 이것이 구약의 율법이었습니다. 은혜시대에 예수님은 제자들에게 누구든지 혹 부모라 할지라도 예수님보다 더 사랑하면 제자가 될 수 없다고 말씀하셨습니다. 이 말씀은 부모라 할지라도 하나님의 위치보다 더 높아지면 안 된다는 것입니다. 다시 말해서 하나님의 권위를 부모가 대신 차지해서는 안 된다는 것입니다.

"아비나 어미를 나보다 더 사랑하는 자는 내게 합당치 아니하고 아들이나 딸을 나보다 더 사랑하는 자도 내게 합당치 아니하고" (마 10:37)

만일 부모가 먼저 구원받았다면 그 자녀들에게 그리스도 안에서 부모에게 순종하는 것을 가르쳐야 합니다. 또 구원받은 부모는 자기 자녀들을 구원으로 인도하는 것을 최상의 목적으로 두고 기도하고 그 자녀들에게 본을 보여야 합니다. 왜냐하면 구원은 말로만 이루어지는 것이 아니라 믿음의 행위가 드러나야 되기 때문입니다. 구원받았다고 하는 부모가 아직 구원받지 못한 자녀들에게 전혀 복음의 덕을 끼칠 수 없다면 그 자녀들은 절대로 부모가 말하는 구원을 무시하고 업신여기며 받아들이지 않을 것입니다.

그러므로 구원받은 부모가 자녀들에게 공경 받을 수 있으려면 먼저 부모가 하나님을 참으로 공경하는 모습을 본으로 보여주어야 합니다. 하나님을 참되게 공경하는 모습은 의도적으로 보여줄 수 없습니다. 그것은 주님의 말씀으로 나 전체가 녹아들어야 참된 공경의 모습을 드러나게 합니다. 바로 그 참된 공경의 모습이 본으로 비쳐질 때 5계명이 적용되게 됩니다.

그러나 부모보다 자녀가 먼저 구원받았을 경우에는 그 적용법이 다릅니다. 자녀가 먼저 구원받았을 경우 부모와 자녀의 관계보다 영과 육의 관계가 더 우선적으로 문제가 됩니다. 그럴 때에 부모가 자녀들의 믿음을 막고 구원의 삶을 방해한다면 어떻게 해야 할까요? 그래도 그 부모의 뜻에 순종하여 하나님을 거슬려야 할까요? 그렇지 않습니다. 예수님의 모습을 보면 항상 먼저 육신의 부모가 가진 뜻보다 하나님의 뜻을 우선하셨습니다.

그것은 부모를 무시하라는 명분이 아닙니다. 다만 부모가 아직 구원받지 못했을 경우 주 안에서 순종하는 것이 원칙이라는 것입니다. 그러므로 아직 구원받지 못한 부모에게 구원받은 자녀가 해야 하는 첫 번째 역할이 바로 구원받도록 하는 것입니다. 왜냐하면 부모가 구원받아야만 5계명이 적용되기 때문입니다.

"자녀들아 너희 부모를 주 안에서 순종하라 이것이 옳으니라" (엡 6:1)

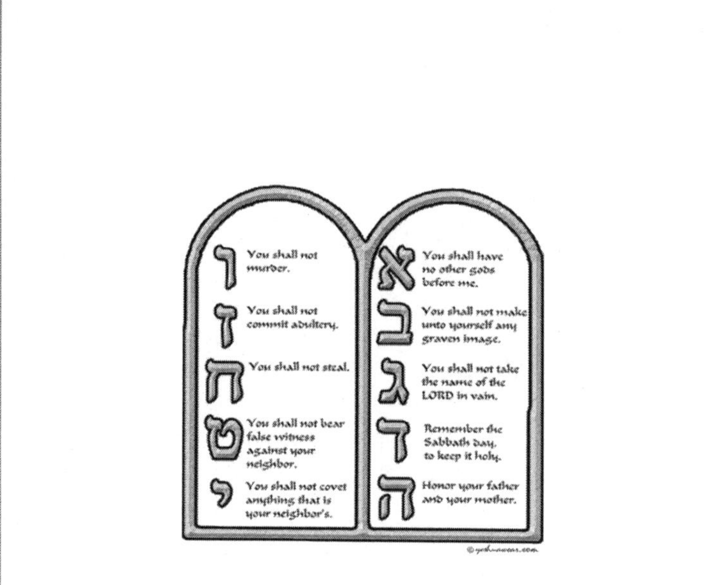

우리가 겉으로는 부모를 공경하는 척하지만 속으로는 부모를 원망하고 대적하는 마음이 있음과 자기 유익을 위해서 부모를 사랑하는 거짓된 마음이 있음을 5계명을 통하여 깨닫게 하옵소서. 먼저 나의 영혼을 창조하신 하나님을 사랑할 수 있는 자가 나를 낳아주신 부모님도 사랑할 수 있음을 그리스도의 보혈의 사랑으로 깨닫게 하옵소서. 주님의 이름으로 기도드립니다. 아멘.

죄에 대하여 죽었음을 보여주는
여섯 번째 거울

" 살인하지 말지니라 " (출 20:13)

21세기에 들어와서 살인은 매일의 일상에서 접하는 일들이 되었습니다. 매일 뉴스에서는 폭탄 테러로 또는 총기살해로 죽은 사람들의 처참한 소식과 이유도 없는 묻지 마 살인으로 죽은 자들을 보여주고 있습니다. 이제 살인은 놀랄 일이 아니라 재수 나쁜 사람이 돌에 맞듯이 벌어지는 일상의 일들이 되어 버렸습니다. 더구나 사람들은 점점 악하고 잔인해져 쉽게 분을 내고, 참지 못하며, 다른 사람의 생명을 하찮게 여기는 추세입니다. 과연 이러한 21세기에 살인하지 말라는 6계명의 말씀은 어떻게 적용해야 할까요?

살인의 본능

죄인은 본능적으로 남을 죽이고 싶은 마음이 있습니다. 왜 우리는 권투나 레슬링을 보면서 내가 응원하는 선수가 상대방을 흠씬 패주기를 원하고 그러한 것에 쾌감을 느끼게 될까요? 왜 영화에서 정의로운 주인공이 악인에게 고통을 당하면 흥분하고 마지막 장면에서 정의로운 주인공이 악인을 처벌하고 징벌을 가하면 갈채를 보낼까요? 왜 어린 아이들도 폭력성 있는 만화를 보며 즐길까요? 왜 어린 학생들이 병아리를 아파트 옥상에서 떨어뜨려 죽는지 시험해보면서 생명에 대한 가치에 대해서는 아무 감각이 없을까요?

평상시 우리는 우리 안에 폭력성과 잔인함과 살의를 부정합니다. 그러나 나에게 해를 끼치거나, 괴롭히거나, 깔아뭉개려 할 때 상대방을 죽이고 싶어 하는 마음이 자연스럽게 발생됩니다. 아무리 원수를 사랑하라는 말을 좋게 여겨도 사실 나의 원수는 죽이고 싶은 존재일 뿐이지 사랑할 대상이 되기는 쉽지 않습니다. 힘이 약하다고 해서 죽이고 싶은 마음이 없는 것이 아닙니다.

오히려 자기를 괴롭히고 고통을 주는 존재에 대하여 끊임없이 죽이고 죽이는 생각을 하게 됩니다. 다만 실천만 하지 못할 뿐입니다.

어린 아이의 사탕을 빼앗아 보십시오. 아이는 분노하며 악을 쓰고 울 것입니다. 다른 아이가 자기 것을 빼앗으면 죽일 것 같이 달려듭니다. 학교에서 왕따를 당하며 괴롭힘을 당하는 학생의 마음이 어떨까요? 자기를 괴롭히는 상대에 대해 분노와 죽이고 싶은 마음으로 가득 차 있을 것입니다. 다만 실행할 수 없는 자신의 무능력과 연약함만 괴로워할 뿐입니다.

이러한 모습은 어린 아이나 청년이나 노인이나 모두 마찬가지입니다. 왜 슈퍼맨이나 배트맨 같은 상상적인 영웅을 좋아합니까? 그들이 대리 만족을 시켜주기 때문입니다. 자기들이 죽이고 싶은 존재를 그들이 대신 죽여주기 때문입니다. 영화비만 내면 주인공들이 악의 무리들을 모조리 죽이기 때문에 내가 하지 못하는 것을 허상 속에서 대리만족하는 것입니다. 이렇듯 누구나 세상 살아가면서 생각 속에서 죽이고 싶은 대상이 있습니다. 아무리 성인군자라 할지라도 살면서 다른 사람에게 화를 품고 분을 내고 미워하고 지나가는 말로도 남을 무시하지 않는 말을 한 번도 하지 않을 사람이 있겠습니까? 없습니다. 그렇다면 사람이 살인을 하게 되는 근원적인 동기는 무엇일까요?

살인의 원초적 동기

첫 번째는 교만이라는 것입니다. 묻지 마 살인을 한 사람들도 살인의 배경에는 이 교만이라는 것이 자리 잡고 있습니다. 자기밖에 없습니다. 오직 자기가 판단자이고 자기가 심판자입니다. 마치 하나님처럼 군림하려는 마음상태를 갖고 있는 것입니다. 그러므로 자기 마음에 들지 않으면 죽이고 싶은 마음이 드는 것입니다. 그런데 이러한 교만은 어디에서 왔을까요? 바로 사단으로부터 온 것입니다.

사단은 피조물이면서 창조주이신 하나님 자리를 넘보았던 자입니다. 지존자이신 하나님과 동등하게 여기고 싶었던 것입니다. 사단이 교만한 마음을 품었을 때 그는 눈에 보이는 것이 없었습니다. 그는 자기를 창조하신 하나님을 없는 것처럼 여겼습니다. 자기 생각에서 살아계신 하나님을 스스로 죽인 것입니다. 그러나 피조물은 살아계신 하나님을 죽일 수도 어떠한 해도 끼칠 수 없습니다. 그저 자기 생각으로 꾸미는 망상일 뿐입니다.

"네가 네 악을 의지하고 스스로 이르기를 나를 보는 자가 없다 하나니 네 지혜와 네 지식이 너를 유혹하였음이니라 네 마음에 이르기를 나 뿐이라 나 외에 다른 이가 없다 하였으므로 재앙이 네게 임하리라 그러나 네가 그 근본을 알지 못할 것이며 손해가 네게 이르리라 그러나 이를 물리칠 능이 없을 것이며 파멸이 홀연히 네게 임하리라 그러나 네가 헤아리지 못할 것이니라"(사 47:10-11)

이러한 사단의 성품을 타고난 죄인들은 모두 교만한 마음으로 살아계신 하나님을 부인하고 신 같은 것은 없다고 하며 사단처럼 그 생각에서 하나님을 죽여 없애 보려고 애씁니다. 그들은 자기들의 육적인 지혜와 지식과 경험과 온갖 재능을 총동원하여 죽은 하나님을 증명하려고 안간힘을 씁니다. 그런데 이상한 것은 하나님이 없다고 생각하면 그냥 무시하면 되지 왜 굳이 하나님이 없다는 것을 증명하려고 애쓸까요?

그 이유는 사단에게 조종당했기 때문입니다. 사단은 죄인들에게 하나님은 나를 통제하고, 조종하고, 꼼짝 못하게 하는 절대자라고 생각하게 세뇌시킨 것입니다. 사단은 살아계신 하나님을 아예 찾지 못하도록 죄인들의 생각에 신은 사람들이 만든 무의미한 종교라고 믿게 하였습니다. 아예 하나님을 믿지 못하도록 속이는 것입니다. 혹 누군가 신적인 존재를 믿으려 한다면 죽은 신이라는 거짓 증거를 만들어 신을 부정하게 만들었던 것입니다.

사단이 뱀의 모습으로 하와에게 나타나서 여자의 마음에

심어준 것이 무엇이었습니까? 바로 교만입니다. 하와가 아담과 같이 하나님의 말씀을 받은 책임자인 것처럼 부풀린 것입니다. 하와는 뱀이 접근했을 때 뱀과 대화하지 말고 바로 아담에게 가야 했습니다. 그러나 뱀의 간교한 꾀에 넘어가 마치 자기가 하나님의 말씀을 받은 책임자인 것처럼 뱀의 말에 넘어간 것입니다. 결국 하와 안에 들어온 악의 영이 아담까지 영적인 죽음을 맞도록 한 것입니다.(창 3:1-6) 이처럼 살인의 원초적 동기는 바로 자기가 하나님처럼 군림하는 교만이라는 것입니다.

두 번째는 시기심입니다. 사단은 본래 하나님을 섬기는 천사장 루시퍼였습니다. 루시퍼에게 주어진 영광과 부귀는 성경에 잘 나와 있습니다.(사 14:12-13. 겔 28:12-19) 그러나 루시퍼는 하나님께서 그에게 허락하신 모든 영광과 부귀를 누리면서도 그것으로 만족하지 못했습니다. 그는 자기를 창조하신 하나님의 자리를 탐내기 시작하였습니다. 결국 그 탐심으로 하나님을 대적한 사단은 하나님 나라에서 쫓겨나게 되었고 영원히 하나님과 격리되어 영원한 심판을 받게 되었습니다.

하늘나라에서 쫓겨난 사단은 자기가 받지 못한 사랑을 하나님의 형상을 닮은 사람이 받는 것을 견딜 수가 없었습니다. 그래서 하나님의 형상대로 지음을 받은 아담과 하와를 시기하여 그들을 속여 하나님의 사랑을 잃게 만들었습니다. 그리고 하나님의 말씀을 불순종하게 하여 그들의 영혼을 죽였던 것입니다. 이것이 성경에서 말하는 사단의 첫 번째 살인이라는 것입니다.

"너희는 너희 아비 마귀에게서 났으니 너희 아비의 욕심을 너희도 행하고자 하느니라 저는 처음부터 살인한 자요 진리가 그 속에 없으므로 진리에 서지 못하고 거짓을 말할 때 마다 제 것으로 말하나니 이는 저가 거짓말쟁이요 거짓의 아비가 되었음이니라" (요 8:44)

죄로 타락한 후 아담과 하와가 처음 낳은 자식들 중에 가인은 자기 동생 아벨을 죽이는 최초 살인자의 조상이 되었습니다. 그가 왜 살인을 하였습니까? 자기가 드린 예물을 하나님께서 받지 않으시고 동생 아벨이 드린 예물만 받으신 것에 대하여 그 이유는 살피지도 않고 시기심만 가득 찼던 것입니다. 가인은 하나님께서 자기를 인정하지 않으시고 자기의 예물을 기뻐하지 않는 것에 대하여 분노가 치밀었고 하나님께 대한 시기심과 분노를 아벨을 죽여 표현한 것입니다.

우리는 이러한 가인의 모습을 통하여 살인자의 원초적 동기가 무엇인지를 명백히 보여 주고 있습니다. 무엇입니까? 그것은 시기심과 분노입니다. 불공평한 세상에 대한 분노와 나보다 더 가진 자에 대한 시기심, 자기보다 낫다고 여기는 자들에 대한 시기심과 분노로 자기가 스스로 하나님인 체하며 그들을 심판했던 것입니다.

"그러므로 나 주 여호와가 말하노라 네 마음이 하나님의 마음 같은 우리가 세상에 살면서 죽이고 싶은 사람이 누구입니까? 나보다 못살고 나보다 열등하다고 생각하는 사람입니까? 사실 그들에 대해서는 생명의 가치를 중요하게 여기지 않습니다. 아니 그러한 자들에 대해서는 오히려 죽일 필요성을 가질 이유가 없습니다. 우리가 죽이고 싶은 사람은 내가 시기할 수 있는 존재입니다. 내가 분노하는 대상은 나를 분노케 하는 무언가를 가진 자들입니다. 그가 누구이든 나의 시기심과 분노를 일으키는 자라면 그는 내가 죽이고 싶은 대상이 되는 것입니다.

예수님은 죄로 태어난 자들 안에 바로 이러한 살인자의 본성이 있음을 깨닫게 하시려고 6계명을 다시 풀어 말씀하셨던 것입니다. 단순히 살인의 행위만이 살인이 아니라 살인의 동기까지 살인에 해당한다는 것입니다. 내가 누구를 미워하든 그것이 곧 살인이라는 것입니다. 내가 누구에게 욕을 하거나 그를 업신여겼거나 그를 조롱하였어도 살인행위가 된다는 것입니다. 예수님은 바로 죄인들 안에 사단의 살인의 본성이 있다는 것을 깨닫게 하신 것입니다.

"옛 사람에게 말한바 살인치 말라 누구든지 살인하면 심판을 받게 되리라 하였다는 것을 너희가 들었으나 나는 너희에게 이르노니 형제에게 노하는 자마다 심판을 받게 되고 형제를 대하여 라가라

하는 자는 공회에 잡히게 되고 미련한 놈이라고 하는 자는 지옥 불에 들어가게 되리라"(마 5:21-22)

어떤 경전에도 성경처럼 살인을 그토록 사실적으로 기록한 경전이 없습니다. 그러나 성경에서는 구원을 받았든 받지 않았든 모두 살인의 행위를 기록하고 있습니다. 손으로 살인을 하는 경우도 있고, 마음으로 또는 혀로, 또는 펜이나 다른 사람을 이용하여 교사하든지 여러 형태로 살인을 하는 경우를 자세히 기록하고 있습니다. 그런데 성경을 보면 모순적이게도 살인하지 말라고 명령하신 하나님께서 직접 사람을 죽이시는 모습이 많이 기록되어 있다는 것입니다. 만약 내가 살인을 하면서 내 자녀들에게 너는 살인하지 말라고 말한다면 그 자녀들이 납득하겠습니까? 마찬가지입니다. 그래서 살인하지 말라는 6계명이 육신의 지식이나 지혜로 깨달을 수 없는 것입니다. 오히려 하나님은 마음대로 살인하면서 왜 인간들에게는 살인하지 말라고 명령하는가 따지게 되는 계명이 되는 것입니다. 그렇다면 하나님은 불의하신 분일까요? 그럴 수 없습니다. 살아계신 하나님은 죽이시든 살리시든 의로운 분이십니다.

생명을 도로 찾는 것과
생명을 빼앗는 것

사단이 처음 살인했을 때(요 8:44) 그것이 육체였습니까? 영혼이었습니까? 사단의 말을 듣고 하나님의 말씀을 어긴 아담과 하와가 선악과를 먹고 죽었습니까? 그대로 살아 있었습니까? 그들은 멀쩡히 살아있었습니다. 그러나 그들의 영혼은 타락했고 더 이상 하나님의 영을 모실 수 없는 더러운 상태가 되어 버렸습니다. 바로 사단은 육체를 죽인 것이 아니라 영혼을 죽인 것입니다. 그런데 사단은 죄로 타락한 사람들로 하여금 육체를 죽이는 것만이 살인이라고 속였습니다. 그러한 사단이 넣어준 사상 때문에 성경에서 악인을 죽이고 소멸하는 것에 대해 하나님이 불의하다고 사람들은 생각하게 된 것입니다.

누가복음에서 한 부자의 비유가 나옵니다. 그가 세상에서 자기를 위해 살고 하나님은 무시하다가 하나님께서 그의 영혼을 도로 찾으시는 때가 되었습니다. 성경은 하나님께서 오늘 밤에 네 영혼(육체가 아님)을 도로 찾으리니 네가 세상에서 예비한 그 모든 것들이 뉘 것이 되겠느냐 라고 하셨습니다. 그렇습니다. 창조주 하나님께서 모든 육체를 죽이시는 것은 당신의 것 곧 영혼을 도로 찾기 위하여 영혼의 집을 없이 하는 것과 마찬가지입니다. 마치 낡고 흉가가 된 집을 허무는 것과 마찬가지라는 것입니다. 사실 육체는 영혼의 집일 뿐 영원한 것이 아닙니다. 하나님은 사람처럼 썩어질 육체만을 귀중하게 여기시는 분이 아니십니다. 다시 말해서 영혼을 귀하게 여기시지 영혼이 잠시 사는 썩어질 집을 더 귀하게 여기시지 않는다는 것입니다.

그러므로 사람이 죽는다는 것은 하나님께서 내 생명을 빼앗는 것이 아니라 영혼의 주인이신 하나님께서 당신의 것을 도로 찾아가시는 것입니다. 왜 죽은 사람보고 돌아가셨다고 말합니까? 어디로 돌아갔다는 말입니까? 그것은 생명을 주신 분에게 다시 돌아갔다는 말입니다. 다시 말하면 육체는 그 본성대로 흙으로 돌아가고 그 안에 살던 영혼은 하나님께로 다시 돌아간다는 것입니다. 그런데 그 영혼의 주인이 누구입니까? 살아계신 창조주 하나님이십니다. 그러므로 영혼을 만드신 주인이 그 영혼을 도로 취하시는 것입니다.

"흙은 여전히 땅으로 돌아가고 신(영)은 그 주신 하나님께로 돌아가기 전에 기억하라" (전 12:7)

그러한 하나님의 주권을 성경은 토기장이의 비유로 말씀하십니다. 토기장이가 자기가 만든 토기를 처분할 권한이 마땅히 있다는 것입니다. 만약 토기장이가 자기가 만든 토기가 자기의 뜻대로 나오지 않았다면 모두 깨트린다고 해서 누가 뭐라고 하겠느냐 라는 것입니다.

"진흙으로 만든 그릇이 토기장이의 손에서 파상하매 그가 그것으로 자기 의견에 선한 대로 다른 그릇을 만들더라 때에 여호와의 말씀이 내게 임하니라 가라사대 나 여호와가 이르노라 이스라엘 족속아 이 토기장이의 하는 것같이 내가 능히 너희에게 행하지 못하겠느냐 이스라엘 족속아 진흙이 토기장이의 손에 있음같이 너희가 내 손에 있느니라"(렘 18:4-6)

피조물인 사람은 본래 자기 것이 없습니다. 자기가 만든 것이 없으므로 비록 자기가 낳은 자녀라 할지라도 그 생명을 자기 마음대로 취할 수 없습니다. 다만 하나님의 허락이 있어야 하는 것입니다. 만약 누구든지 창조주 하나님의 허락 없이 사람을 죽인다면 그것이 자기 자녀라 할지라도 그는 하나님의 것을 자기 마음대로 죽였으므로 그도 죽임을 당하게 됩니다. 이것이 창조주와 피조물이 다른 점입니다.

세상에서도 살인이 합법적인 경우가 있습니다. 전쟁을 할 때 적을 죽이는 것은 살인이 아닙니다. 많은 사람을 인질로 잡은 테러범을 죽이는 것은 살인이 아닙니다. 나를 해치려는 자를 죽였을 때 그것은 나를 보호하기 위한 정당방위로 간주합니다. 또 살인한 자를 붙잡아 사형으로 죄 값을 치르도록 재판장이 살인을 언도합니다. 세상에서 이것을 살인이라고 하지 않습니다. 이러한 살인은 세상에서도 부정하지 않고 오히려 당연하게 여깁니다. 그렇다면 하물며 창조주 하나님께서 자기의 뜻을 거스르고 자기 마음대로 사는 자들의 영혼을 다시 거두시는 것이 무엇이 문제가 됩니까? 전혀 문제될 것이 없습니다. 당연한 이치입니다. 그런데 이러한 하나님의 공의와 하나님의 통치를 깨달으려면 먼저 내 안에 하나님의 영이 들어와 나의 주인이 되셔야 합니다. 그렇지 않으면 내 마음에서 사단의 성품으로 계속 하나님을 불의하고 공평치 못한 하나님으로 대적하게 됩니다.

"만일 의인이 돌이켜 그 의에서 떠나서 범죄하고 악인의 행하는 모든 가증한 일대로 행하면 살겠느냐 그 행한 의로운 일은 하나도 기억함이 되지 아니하리니 그가 그 범한 허물과 그 지은 죄로 인하여 죽으리라 그런데 너희는 이르기를 주의 길이 공평치 않다 하는도다 이스라엘 족속아 들을찌어다 내 길이 어찌 공평치 아니하냐 너희 길이 공평치 않은 것이 아니냐"(겔 18:24-25)

하나님에 대한 절대적인 믿음과 신앙을 가진 유대인들이 왜 하나님의 아들을 죽였습니까? 그들은 하나님을 믿는 유대종교 위에서 살아계신 하나님보다 더 높아져 있는 교만을 품고 살아갔던 자들입니다. 그들은 하나님을 이용하여 자기들의 배를 불리는 자였고 자기들의 생각 속에서 죽은 허상의 하나님을 믿는 사람들이었습니다. 그러나 살아계신 하나님께서 아들의 모양으로 오셔서 살리는 말씀을 그들에게 전하자 그들의 패역하고 더러운 사단의 마음은 하나님의 아들을 시기하고 분노하면서 죽이려고 달려들었습니다. 그리고 결국 하나님의 아들을 십자가에서 죽인 것입니다. 그들의 손으로 살아계신 하나님을 죽인 것입니다.

그러나 그들이 죽였던 예수는 다시 살아나셨고 부활의 영은 성령으로 다시 내려 오셔서 이스라엘 민족이 거절했던 복음의 생명이 이방인들에게 선물로 주어진 것이 바로 성령의 교회 시대입니다. 그러나 사단의 종노릇하는 유대인들은 또 교만과 시기와 분노로 크리스천들을 핍박하고 죽였습니다. 또한 사단의 세력 안에 종노릇하던 로마의 황제들도 크리스천을 죽였습니다. 그리고 거짓된 로마가톨릭도 크리스천을 죽였습니다.

이제 21세기에 와서 구원받지 못한 크리스천들이 참으로 구원받은 크리스천들을 미워하고 시기하고 분노함으로 죽이고 싶어 합니다. 그런데 그들에게 한 가지 공통점은 바로 하나님보다 높아진 교만과 자기가 사랑받지 못함으로 오는 시기심과 자기 죄를 깨닫지는 않으면서 자기 뜻대로 안 되는 것에 대한 분노로 가득한 마음이라는 것입니다.

21세기와 6계명

살인은 인간만이 가지고 있는 죄목입니다. 동물에게는 그 죄를 묻지 않습니다. 사나운 개가 사람을 물어 죽게 하였다면 바로 죽여버리지 법정에 세워서 죄를 물어 죽이지 않습니다. 그러나 사람은 살인한 자를 법정에 세우고 왜 그랬는지 원인을 분석합니다. 그러나 살인을 한 살인자나 그 살인자를 법으로 심판하는 재판관도 왜 살인을 하게 되는지 그 마음의 뿌리는 알지 못합니다. 그러나 6계명은 우리 안에 살인이라는 죄의 성품이 어떻게 자리 잡고 있는지 명백히 깨닫게 합니다.

그러나 참으로 구원받은 사람은 살인하지 않습니다. 그것은 예수 그리스도의 영이 내 안에 들어와 계시기 때문입니다. 내 안에 예수님이 계시다는 것은 더 이상 교만이 나를 주장하지 못한다는 것입니다. 교만의 영이 십자가에서 죽었기에 나는 항상 나의 주인으로 들어오신 예수 그리스도께 복종하고 겸손하게 그분의 종이 되기를 원하며 또 그분의 종으로 살아갑니다. 그러므로 남과 비교할 필요도 없게 됩니다. 예수님께서 나를 99.9999% 사랑하시는 것이 아니라 100% 사랑하심을 믿고 또 그 사랑을 심령에 누리게 됩니다.

예수님이 나를 100% 사랑하시듯 다른 구원받은 사람도 100% 사랑하심을 믿기에 시기할 필요가 없습니다. 더구나 나의 죄됨을 늘 시인하고 자백하고 회개함으로 나의 양심이 늘 화평하고 평안을 누리므로 이유 없이 분노하고 화를 참으며 삭이고 어쩔 줄 모르며 살 필요가 없습니다. 혹 육신의 연약함으로 분이 일어나도 해가 질 때까지 품지 않고 주님의 사랑으로 녹아질 수 있도록 나를 주님의 말씀으로 늘 연단시킵니다.

"분을 내어도 죄를 짓지 말며 해가 지도록 분을 품지 말고"(엡 4:26)

결국 6계명은 거듭난 사람이라면 그리스도 안에서 저절로 지켜지는 계명이 됩니다. 율법시대에는 생명을 생명으로 갚았지만 은혜시대에는 예수님처럼 원수에게 대항하여 육으로 이기는 것이 아니라 내 생명을 희생할지라도 영으로써 승리하는 삶을 살게 되는 것입니다. 그러므로 구원받았다고 스스로 시인하면서도 나의 부모나 배우자나 자녀나 나의 친척과 친구와 이웃의 영혼에 무관심하는 자는 아직도 살인자의 본성을 갖고 있는 사단의 자녀일 뿐입니다. 왜냐하면 사단은 절대로 자기의 자녀들에게 영혼 사랑하는 법을 가르쳐 주지 않기 때문입니다. 영혼을 사랑할 줄 아는 자만이 6계명을 지킬 수 있는 사람입니다.

"우리가 형제를 사랑하므로 사망에서 옮겨 생명으로 들어간

줄을 알거니와 사랑치 아니하는 자는 사망에 거하느니라 그 형제를
미워하는 자마다 살인하는 자니 살인하는 자마다 영생이 그 속에
거하지 아니하는 것을 너희가 아는 바라 그가 우리를 위하여 목숨을
버리셨으니 우리가 이로써 사랑을 알고 우리도 형제들을 위하여
목숨을 버리는 것이 마땅하니라" (요일 3:14-16)

나를 위하여 십자가에 피를 흘리시고 죽으신 예수 그리스도를 믿지 않는 것이 바로 내가 예수 그리스도를 죽이는 살인죄라는 것을 6계명을 통하여 깨닫게 하옵소서. 또 내 영혼뿐만 아니라 부모나 형제나 친구나 이웃의 영혼을 사랑하지 못하는 것이 바로 하나님 앞에 6계명을 어기는 죄라는 것을 깨닫게 하소서. 예수님의 이름으로 기도드립니다. 아멘.

7계명

죄에 대하여 죽었음을 보여주는
일곱 번째 거울

사춘기가 시작되면서 왜 이성에 대하여 관심이 많아지는 것일까요? 청소년기 때 왜 은밀하게 음란물을 보려고 할까요? 또 왜 어린 학생들이 의미도 모르는 성에 대하여 말하는 것을 좋아할까요? 청년기에 끊임없이 머릿속에 맴도는 주된 생각이 무엇일까요? 군인들이 주로 말하는 대화 속에 제일 화제가 되는 것은 무엇일까요? 중장년층들이 술자리에 모여 하는 대화중에 제일 많은 주제는 무엇일까요? 나이가 적든 많든 여전히 생각을 사로잡는 주제는 무엇일까요? 그것은 바로 성이라는 것입니다. 성이라는 것은 내가 태어나서 죽을 때까지 나의 생각을 사로잡고 나의 정신을 빼앗는 요상한 것입니다.

21세기에 어느 나라든지 사회의 가장 큰 문제는 성에 관한 것입니다. 이러한 현상은 90년대에 컴퓨터가 일반화되고 인터넷이 활성화되면서 더욱 심각해졌습니다. 물론 어느 시대든지 성적인 타락은 만연되어 왔습니다. 어쩌면 지금시대보다 더 성적으로 문란하고 무질서한 시대가 고대 문명 시대이기도 합니다. 우리나라도 유교가 들어오기 전 고려 시대 때만 해도 성적인 규범이 없어서 무질서한 성문화가 있었다고 합니다. 유교가 들어오면서 성의 억제를 인위적으로 하게 되었고 성은 부끄러운 행위로 인식되었습니다. 그러나 성을 억압하면 더 문제가 심각하게 됩니다. 보이지 않는 곳에서 성적인 타락이 점점 심각해지기 때문입니다. 또 약자는 성적으로 피해를 당해도 대처할 방법이 없고 강자는 성을 마음대로 사용해도 아무 해를 입지 않는 사회가 되었습니다.

그런데 21세기에 들어와 성문화는 전혀 다른 양상을 갖고 있습니다. 전에는 성이 육체적인 만족을 추구하는 양상이었다면 지금은 정신적인 만족을 추구하는 쪽으로 변화되고 있다는 것입니다. 예전에는 성적욕구를 특정장소에서 해결하거나 특정한 사람에게서 해결하려고 하였다면 지금은 남녀노소 불문하고 누구나 원하면 취할 수 있는 시대가 되어 버렸습니다. 예를 들어 인조 섹스 파트너라고 해서 독신자를 위한 성적도구를 만들어 판매하고 있습니다. 또 시뮬레이션 섹스 머신이라는 기계를 사용하여 자기가 원하는 연예인이나 인물을 섹스 상대로 선택, 편집하여 가상현실 속에서 성적인 만족을 누릴 수 있는 시대가 되었습니다.

21세기 사람들은 서로를 신뢰하지 않고 서로에게 간섭하기도 싫어합니다. 그래서 원초적인 본능까지도 사람관계를 피하여 기계로 처리하는 시대가 되어 버린 것입니다. 물론 성적인 욕구를 동물적인 차원에서 본다면 차라리 이러한 방법이 더 깨끗하고 안전할지 모릅니다. 그러나 성이라는 것은 물질적인 차원 이상의 것이라는 사실을 성경은 말씀하고 있습니다. 왜 성이라는 것이 동물에게는 문제가 되지 않는데 사람에게만 심각한 문제를 가져오게 될까요? 왜 사람은 태어나서 죽을 때까지 많은 시간을 성에 관하여 생각하고 말하고 추구하는 것일까요? 왜 한 국가나 가정이나 개인이 파멸하고 무너지게 되었던 결정적 원인이 성이라는 것일까요? 왜 모든 드라마나 영화나 연극이나 문학이나 예술이나 광고에서 성에 관련된 주제가 주로 많을까요?

동물의 세계에서 성적인 노리개가 존재합니까? 아니면 성을 돈 주고 사고팝니까? 동물의 세계에서 성은 하나님께서 주신 기능으로 거짓 없이 순수하게 사용됩니다. 종족보전을 위한 경우 외에 인간처럼 성을 상품화하고 노리개로 삼는 경우가 전혀 없다는 것입니다. 또 동물이 사람들처럼 성적인 문제로 고통을 당하는 경우가 있을까요? 성문제로 상담을 받아야 하고, 성문제로 치료를 받아야 하고, 성문제로 법원에 가야하는 경우가 동물에게는 존재하지 않습니다. 그러나 사람들은 어떻게 된 건지 성적인 수레바퀴에서 벗어나지 못하고 허우적거리며 결국 비참하게 파멸하는 지경까지 이르는 경우가 허다합니다. 그렇다면 왜 하나님은 이렇게 위험하고 골치 아픈 성이라는 것을 창조하신 것일까요?

하나님이 창조하신 성

하나님께서 창조하신 모든 것이 거룩한 것처럼 성이라는 것도 본래 거룩하고 선한 것이었습니다. 그러나 죄가 들어온 후 가장 더럽고 추하게 타락한 것이 성이기도 합니다. 하나님은 사람을 창조하실 때 먼저 남성을 창조하셨습니다. 그리고 남자의 갈비뼈를 취해 여성을 만드셨습니다. 이 말은 남자와 여자가 본래 하나에서 비롯되었다는 것입니다. 그러나 그 위치와 성품은 전혀 다른 존재입니다. 남자는 남자이고 여자는 여자로 창조된 것입니다. 그래서 남자와 여자는 전혀 다른 존재라는 것입니다. 그런데 전혀 다른 존재가 육체의 결합을 통해 다시 하나가 되는 것입니다. 이것을 성경에서 결혼이라고 하는 것입니다.

하나님은 남자와 여자를 전혀 다른 기능과 성품과 가치관과 성격으로 창조하시고 서로 협력관계가 되도록 하셨습니다. 그리고 전혀 다른 두 사람을 결혼이라는 결합으로 둘이 하나가 되게 하셨습니다. 하나님은 비록 육체가 둘이지만 그 두 육체가 하나가 되면서 그들이 본래 하나였다는 것을 그 마음에 깨닫게 하신 것입니다. 왜 아담이 하와를 보고 내 뼈 중의 뼈와 살 중의 살이라고 감탄하였습니까? 왜 남녀 간의 가장 이상적인 만남을 천생연분이라고 말합니까? 왜 부부가 오래 살면 서로 닮았다고 말합니까? 모두 둘이 하나가 되는 원리에 적용되기 때문입니다.

그러므로 하나님이 창조하신 성의 첫 번째 기능은 둘이 하나가 되는 것입니다. 마치 거듭나면 예수 그리스도와 하나가 되는 모형적인 모습인 것입니다. 남자와 여자가 육체로 하나가 되는 것은 육체만이 연합되는 것을 말하는 것이 아닙니다. 육체뿐만 아니라 그 마음이 하나가 되면서 하나님께서 허락하신 사랑을 충만히 누리도록 하신 것입니다. 또 이러한 결혼의 원리를 통하여 하나님의 비밀을 깨닫게 하신 것입니다. 바로 육체의 결합을 통해 영이신 하나님과 육체를 갖고 있는 사람이 하나가 되었을 때 마음이 하나가 되고 그 마음에서 하나님께서 원하시는 사랑이 누려지게 된다는 것을 육체로 깨닫게 하는 것입니다. 다시 말하자면 하나님은 사랑이십니다. 하나님의 본체가 사랑이라는 말입니다. 하나님은 하나님의 형상을 닮아 만들어진 사람이 하나님의 사랑을 깨닫기를 원하셨습니다.

그러나 육체를 가진 인간이 영이신 하나님과 사랑을 하고 그 사랑을 누린다는 것을 육을 가지고 있는 사람의 생각으로는 실제적으로 깨달을 수가 없습니다. 그래서 하나님은 남자와 여자를 결합시킴으로 영이신 하나님과 육체를 가지고 있는 사람이 하나가 되어 그 안에서 하나님의 사랑이 어떤 것인지를 경험하도록 하신 것입니다. 그러므로 결혼은 하나님의 사랑을 깨닫는 비밀이라는 것입니다.

"창기와 합하는 자는 저와 한 몸인 줄을 알지 못하느냐 일렀으되 둘이 한 육체가 된다 하셨나니 주와 합하는 자는 한 영이니라"(고전 6:16)

"이러므로 사람이 부모를 떠나 그 아내와 합하여 그 둘이 한 육체가 될찌니 이 비밀이 크도다 내가 그리스도와 교회에 대하여 말하노라"(엡 5:31-32)

두 번째 성이라는 기능은 하나님께서 사람에게 명령하신 축복을 실제로 적용하는 거룩한 기능입니다. 하나님께서 사람에게 생육하고 번성하여 땅에 충만하라고 명령하셨을 때 그 명령을 따라 번성하고 땅에 충만하려면 그럴 수 있는 능력과 방법까지 주셔야 했습니다. 그래서 하나님은 사람에게 생육하고 번성할 수 있도록 성의 기능을 동물과 다르게 주셨습니다. 동물은 제한적으로 번식기가 정해져 있고 또 그 번식기에만 성을 사용하지만 사람은 사춘기 때부터 갱년기까지 성을 사용할 수 있도록 하신 것입니다. 그래서 육체의 기능이 약해져도 성의 본능은 계속 살아있는 것입니다. 아담 때부터 지금까지 수없이 많은 인구가 지구에 생존하게 되기까지 바로 이러한 원리가 적용되었던 것입니다.

세 번째는 성이라는 것을 통하여 거룩한 가정이 세워지고 거룩한 사회가 형성되며 거룩한 국가가 세워지도록 계획하셨습니다. 가정이 처음 세워지는 것에 첫 번째 필요한 것이 바로 성이라는 것입니다. 그리고 그 성의 바탕은 바로 사랑이었습니다. 사랑을 바탕으로 성의 기능이 사용되어 가정이 세워지고 그 가정에서 하나님의 형상을 닮은 사람이 태어나면서 하나님께서 이 세상을 창조하시고 사람을 창조하신 목적이 이루어지도록 계획하신 것입니다.

죄로 타락한 후의 성

그러나 하나님께서 당신의 거룩한 계획을 이루시기 위하여 창조하신 성이 인간이 죄로 타락한 순간 사단의 강력한 도구로 전락되어 버렸습니다. 가장 순수하고 거룩한 것이 가장 더러워지고 타락해지기 쉬운 법입니다. 하나님이 사람에게 주신 기능 중에 가장 거룩하고 순수한 성이 첫 번째로 타락하고 더럽혀졌던 것입니다.

둘이 하나가 될 수 있는 성의 거룩한 능력을 사단은 죄의 정욕을 통하여 둘을 사분오열로 조각조각 부서져 버리도록 만들어 버렸습니다. 돈이나 권력이나 명예나 다른 문제는 둘을 둘이 되게 만들 수 있습니다. 그러나 성은 둘을 둘로 나누는 정도가 아니라 둘이라는 존재 자체를 아예 파괴시키는 위력을 갖게 된 것입니다. 두 육체가 하나가 되어 한 마음이 되어야 하는데 두 육체가 하나가 되어 가장 부패하고 더럽고 추한 마음으로 변하게 되어 자신도 망하고 주위의 모든 사람도 망하게 만드는 원인이 되게 한 것입니다.

또 사단은 성을 통하여 생육하고 번성하여 땅에 충만하라는 하나님의 축복을 저주로 바꾸어 하나님의 자녀를 생산하게 하는 것이 아니라 사단의 씨를 생산하게 하게 하여 온 세상을 사단의 씨로 가득차서 넘치도록 만들어 버렸습니다. 더구나 사단은 하나님을 닮은 형상의 사람대신 사람의 모양을 취하고 있지만 짐승의 차원으로 살아가는 타락한 씨를 생산하게 하여 온 세상의 사람들을 짐승보다 못한 차원으로 살도록 만들어 버렸습니다. 그래서 타락한 이 세상의 사람들이 성을 하나님의 뜻대로 사용하지 않고 자기 정욕대로 사용하도록 만들었습니다. 어린 아이들을 성폭행하고 죽이는 것이 사람이 할 짓입니까? 자기 딸을 성폭행하고 인신매매하는 자가 사람입니까? 하나님은 이런 사람을 만들지 않으셨습니다. 그런데 사람들이 이렇게 변해버렸습니다. 바로 사단이 그렇게 만든 것입니다.

세 번째로 사단은 성이라는 것을 사용하여 인간들 스스로 가정을 파괴하고 사회를 파멸시키며 문명을 파괴하도록 부추겼습니다. 사단은 인간들이 이 세상에서 무엇을 이루느냐에 관심이 없습니다. 다만 사단의 목적은 어떻게 하든지 사람으로 하여금 하나님을 찾지 못하고 스스로 자기 죄에 망하도록 속이는 것이 사단의 목표입니다. 그 목표를 이루기 위하여 사람을 꾀는데 탁월한 것이 바로 성이었던 것입니다.

노아시대에 하나님의 아들들이 사람의 딸들을 취했다는

말이 기록되어 있습니다. 하나님의 아들들이란 영에 속한 자들을 말합니다. 그러나 영에 속한 자들이 육체를 탐하여 육에 속한 자들을 취하여 그 당시 영웅호걸들을 생산해 내었다는 것입니다. 사단은 하나님의 아들들을 성으로 유혹하여 결국 육체만을 탐하는 자로 타락시켜 버렸습니다. 결국 세상은 인간의 사악함이 극에 달했고 그 마음에 상상하는 모든 것이 항상 악하므로 하나님께서 이 세상의 모든 것을 물로 심판하시도록 만들었습니다. 결국 물의 심판으로 모두 수장되고 말았던 것입니다.

아브라함 때에 소돔과 고모라는 성적타락의 극치였습니다. 천사들이 그 성에 들어갔을 때에 그 아름다움을 보고 천사들을 범하려고 하였으며 롯은 그러한 자들을 막으려고 자기 딸들을 대신 내어주려고 했을 정도였습니다. 모든 문명을 정복한 로마가 무엇 때문에 멸망했습니까? 성적인 타락이었습니다. 21세기 사람들이 우려하는 문제가 무엇입니까? 바로 성적인 타락과 음란으로 세상이 멸망할 것을 걱정하고 있는 것입니다. 이처럼 사단에게 넘어간 성은 인간을 타락시켜 결국 모든 것을 잃게 만드는 강력한 사단의 도구가 되어 버렸습니다.

왜 7계명을 주셨는가?

이스라엘 민족에게 왜 간음하지 말라는 계명을 주셨을까요? 그것은 그들이 하나님의 말씀을 통하여 더럽혀지고 타락한 성을 회복시키도록 스스로 시도해보도록 하신 것입니다. 그러나 이스라엘 민족은 성을 회복시키는 데에 전적으로 실패하였습니다. 그들은 외적으로 간음을 하지 않는 것처럼 보였지만 실제로 속으로는 온갖 음란하고 더럽고 추악한 생각으로 가득 차 있었습니다. 그래서 예수님께서 오셨을 때 7계명에 대하여 다시 말씀하셨던 것입니다. 즉 마음에 음욕을 품거나 생각으로 간음을 하여도 이미 그것은 간음한 것이라는 말씀이었습니다. 예수님은 그들에게 7계명을 다시 말씀하시면서 죄로 인하여 타락한 성을 스스로 회복할 수 없음을 깨닫게 하셨던 것입니다.

하나님은 이스라엘 민족으로 하여금 7계명을 통하여 둘이 하나가 되는 것처럼 하나님과 사람이 하나가 되지 못함을 깨닫게 하셨습니다. 성경에 이스라엘 민족이 하나님대신 우상을 섬기고 세상을 사랑했을 때 그들이 하나님께 간음한 자라고

말씀하셨습니다. 하나님과 이스라엘 민족과의 관계를 남편과
아내의 관계로 비유하시면서 성경 여러 곳에서 그들이 남편을
버리고 음란함으로 간음을 행하여 남편의 질투심을 유발시키고
종국에는 남편의 진노를 사는 모습을 보여주고 있습니다. 죄로
타락한 이후 죄인들은 더 이상 하나님과 하나가 될 수 없었습니다.
왜냐하면 그들이 이미 죄로 더럽혀지고 타락하였기 때문입니다.

두 번째로 아브라함에게 약속하신 대로 그의 후손들이
하늘의 별처럼 땅의 모래처럼 많게 하신다는 약속을 성취하기
위하여 그들에게 7계명을 통하여 경건한 백성을 얻을 수 있도록
하셨습니다. 그러나 그들은 항상 육에 속하여 무늬만 하나님의
백성이지 속으로는 사단의 백성이었습니다. 우리는 이스라엘
민족을 통해서 죄인의 씨는 오직 죄인만 생산된다는 사실을
깨닫게 됩니다. 아무리 하나님의 율법이 있어도, 아무리 거룩한
예법과 전통과 유전이 있어도 결코 그들이 변화되지 못한 것처럼
죄인으로 태어난 사람은 그 누구도 하늘에 속한 하나님의 자녀를
낳을 수 없다는 것을 깨닫는 것입니다.

세 번째로 7계명을 통하여 하나님께서 택하신 이스라엘 민족을
세워 하나님의 영광을 드러내도록 하셨지만 이스라엘 민족은
철저히 실패하였습니다. 그들은 오직 그들 민족끼리만 결혼을
하고 그들의 전통과 그들의 종교를 지키려고 애썼지만 결국 모든
것이 실패하였습니다. 그리고 모든 민족 가운데 웃음거리가 되고

나라 없이 방황하는 유랑하는 민족이 되었습니다. 그들이 아무리 순순한 혈통을 중시하고 육체적인 정결을 지켜왔어도 이미 영혼이 하나님 앞에서 타락함으로 하나님의 뜻을 세울 수 없는 자가 된 것입니다.

예수님과 성

왜 예수님은 성적인 문제가 없을까요? 아니면 성과 관련된 사항은 기록이 빠져있는 것일까요? 아니면 예수님은 전혀 성적인 무능력자였을까요? 많은 사람들이 예수님도 우리처럼 육체를 가지고 이 세상에 오셨으니 우리와 같이 성적 욕망도 있고 이성에 관심이 있을 것이라고 생각합니다. 또 어떤 이들은 예수께서 막달라 마리아와 결혼하여 아이까지 낳았다고 추측합니다. 물론 착각은 자유지만 참으로 어리석은 죄인들의 생각입니다.

예수님이 이 세상에 육체를 가지고 오신 것은 육체의 정욕을 위해 오신 것이 아닙니다. 우리의 죄를 짊어지시기 위해 오신 것입니다. 또 예수님 안에 이미 성에 대한 하나님의 뜻이 모두 이루어졌기 때문에 굳이 우리처럼 성욕이 있거나 아니면 성욕을 참거나 다스리실 필요가 없었습니다. 먼저 예수님은 이 세상에 육체로 오셨지만 하나님과 하나였습니다. 친히 예수님은 나와 아버지는 하나라고 말씀하셨습니다.

성의 첫 번째 목적이 무엇입니까? 둘이 하나가 되는 것입니다. 왜 남자가 여자를 여자가 남자와 함께 하려고 애씁니까? 둘이 하나가 되는 본능이 있기 때문입니다. 그런데 왜 둘이 하나가 되어도 만족하지 못합니까? 그것은 육체가 하나가 될 뿐 마음이 하나가 되지 못하기 때문입니다. 그래서 파경이 되는 것입니다. 그런데 예수님은 이미 하나님과 하나가 되셨던 것입니다. 하늘에 계신 하나님과 이 세상에 육체로 오신 예수님이 하나가 되어 한 마음이 된 것입니다. 그러므로 예수님께서 우리처럼 성을 통하여 둘이 하나가 되는 실습을 하실 필요가 없었던 것입니다.

"나와 아버지는 하나이니라" (요 10:30)

두 번째로 둘이 하나가 되면 생명을 얻기를 간절히 원합니다. 그것이 성의 본능이기 때문입니다. 그런데 예수께서 이 세상에서 짝을 구하시지 않았던 것은 죄로 더럽혀진 죄인은 예수님의 짝이 될 수 없기 때문입니다. 또 예수님은 이미 하나가 되는 짝이 예비되어 있었기 때문입니다. 그가 바로 구원받은 성도들입니다.

"내가 하나님의 열심으로 너희를 위하여 열심 내노니 내가 너희를 정결한 처녀로 한 남편인 그리스도께 드리려고 중매함이로다" (고후 11:2)

예수께서 십자가에 죽으시고 성령의 첫 열매가 되신 후에 예수 그리스도 안에서 거듭난 성도들이 예수님의 정결한 신부가 되었습니다. 하나님께서 그렇게 원하시던 경건한 자녀들을 예수님을 통하여 말씀으로 낳으신 것입니다. 육체의 성을 통하여 하나님의 자녀를 생산해내는 것이 아니라 성령으로 그리스도의 십자가를 통하여 하나님의 거룩한 자녀를 낳으셨던 것입니다.

예수님의 십자가는 하나님의 생명의 산실이었습니다. 그 산실에서 수많은 죄인들이 구원받고 새 생명을 얻으므로 하나님의 거룩한 자녀들이 거듭나게 되었던 것입니다. 이것이 성경에서 말하는 거룩한 신부들이라는 것입니다. 부활하신 예수님이 신랑이 되고 구원받은 성도들이 신부가 되어 한 몸을 이루는 곳이 바로 하나님께서 세우신 교회입니다. 신랑이신 예수 그리스도가 머리가 되고 신부인 성도들이 몸을 이루어 그 안에 사랑 가운데서 하나님이 원하시는 새 생명을 또 낳는 것입니다.

세 번째로 육체의 성으로 열매 맺은 육신의 자녀들은 세상의 기업이 될 수 있을지언정 하나님의 기업이 될 수는 없습니다. 그러나 예수 안에서 거듭난 새 생명들은 하나님의 영광이 드러나는 기업이 됩니다. 한 사람이 거듭나게 되면 그 가정이 하나님 앞에서 살아나게 됩니다. 한 사람이 거듭나면 그가 소속된 사회와 직장과 기업에 생명의 역사가 일어나게 됩니다. 그 나라에 거듭난 심령이 일어나면 그 나라가 하나님 앞에서 보존됩니다. 왜냐하면 하나님께서 그 구원받은 심령을 보호하시기 때문입니다.

그런데 더 중요한 것은 바로 예수 그리스도의 왕국이 이 세상에 천년동안 세워지게 된다는 것입니다. 이것이 천년왕국입니다. 또 이 천년왕국의 때가 차면 그때는 오직 하나님의 택하신 정결한 처녀가 신랑을 맞이하는 거룩한 결혼이 천국에서 이루어집니다. 그곳은 더 이상 성의 기능이 필요가 없습니다. 그래서 천국은 시집가고 장가가는 곳이 아니라고 말씀하셨던 것입니다. 그곳은 오직 하나님의 사랑으로 세워지는 하나님 나라입니다.

그러므로 거듭난 심령이라면 굳이 7계명을 지키려고 애쓰거나 자기의 성욕을 스스로 억제하려고 애쓸 필요가 없습니다. 성경은 혼자 사는 것도 좋으나 음행을 피하기 위하여 결혼하라고 했습니다. 단 그리스도 안에서 구원받은 형제, 자매가 결혼하는 것입니다. 그럴 때에 비록 육체의 성을 사용하지만 하나님의 뜻대로 사용하게 되며 그로인해 더욱 하나님의 비밀을 깨닫게 됩니다. 그러므로 참으로 구원받은 성도에게 성이란 첫 번째 둘이 하나가 되는 비밀을 깨닫게 하고 두 번째 사랑의 결과로 낳은 자녀를 하나님의 경건한 자녀로 거듭나게 인도하는 역할을 감당하고 세 번째로 예수 그리스도 안에서 기업의 지체가 되어 하나님의 영광을 드러내는 역할을 하게 되는 것입니다. 그러므로 구원받는 사람에게 성은 거룩하고 신성한 하나님의 축복이 되는 것입니다.

　　모태에서부터 죄인으로 태어난 나는 사단과 짝하며 사망의 권세에서 세상과 간음하며 살았음을 7계명을 통하여 깨닫게 하옵소서. 하나님보다 이 세상이나 세상에 있는 것들을 더 사랑하는 것이 간음죄라는 것을 깨닫게 하소서. 오직 나의 영혼을 사랑하사 십자가에서 나의 죄를 위해 피를 흘리신 예수 그리스도 한 분만이 나의 신랑 되심을 깨닫고 마음에 영접하도록 내 마음 문을 열어주소서. 예수님의 이름으로 기도드립니다. 아멘.

죄에 대하여 죽었음을 보여주는
여덟 번째 거울

"도적질하지 말찌니라" (출 20:15)

하나님께서 이스라엘 민족에게 8계명을 주신 것은 그들이
약속의 땅에 들어가서 거룩한 하나님의 백성으로 살아가게 하기
위한 명령이었습니다. 만약 개인 재산권의 보호가 없다면 가나안
땅은 약육강식의 무질서한 땅이 되었을 것입니다. 사실 어느
나라든 개인의 재산을 보호하는 8계명 같은 법이 존재합니다.
남의 것을 도둑질하거나 빼앗으면 법으로 처벌받게 되어 있습니다.
이러한 기본 질서의 개념은 미개한 원시부족에게도 있는 법입니다.

그렇다면 8계명은 이스라엘 민족에게 주어진 하나님의 명령이지
굳이 다른 종교나 다른 민족들이 지켜야할 명령은 아닙니다.
왜냐하면 그들에게도 나름대로 도둑질하지 말라는 법이 존재하기
때문입니다. 그런데 21세기에 도둑질은 옛날보다 더 복잡하고
문명화되었습니다. 예를 들어 지적재산권 침해는 21세기에 새로운
도둑질에 속합니다. 예를 들어 남의 논문을 베끼거나, 남의 지식을
도용하거나, 영화나 음악을 복제하여 사용하는 것들을 말하는
것입니다. 교회에서도 마찬가지입니다. 대부분의 설교자들이 설교
자료를 얻기 위해 남의 설교를 도용하거나 남의 설교를 편집하여
자기 설교처럼 사용하는 것도 지적재산권침해에 들어갑니다.
그렇다면 21세기 8계명은 과연 어떻게 적용해야 할까요?

왜 도둑질한 물이 달까?

성경에서 단순하고 미련한 자는 도둑질한 물이 달고 몰래 먹는 떡이 맛있다 라고 말한다고 기록되어 있습니다.

"미련한 계집이 떠들며 어리석어서 아무것도 알지 못하고 자기 집 문에 앉으며 성읍 높은 곳에 있는 자리에 앉아서 자기 길을 바로 가는 행객을 불러 이르되 무릇 어리석은 자는 이리로 돌이키라 또 지혜없는 자에게 이르기를 도적질한 물이 달고 몰래 먹는 떡이 맛이 있다 하는도다" (잠 9:13-17)

우리가 어렸을 때 수박이나 참외서리를 한 경험이 있습니다. 밤에 몰래 남의 밭에 들어가 수박을 따와서 먹는 것은 돈 주고 사먹거나 얻어먹는 것과 차원이 다른 맛입니다. 왜 정당하게 값을 치루고 사서 먹는 것보다 훔쳐서 먹는 것이 더 맛있게 느껴질까요? 그것은 우리 안에 있는 사단의 성품이 자리 잡고 있기 때문입니다. 사단은 도적질의 원조이기 때문입니다. 사단이 누구의 것을 도적질했습니까? 바로 창조주 하나님의 것을 도적질했습니다.

그것도 하나님이 보는 앞에서 버젓이 말입니다.

하나님의 형상을 닮은 사람을 속여 죄와 사망의 권세인 사단의 권세 아래로 굴러 떨어지게 만들었습니다. 그리고 하나님께서 아담에게 주신 모든 것, 곧 이 세상 모든 것을 아담에게서 빼앗아 버렸습니다. 그리고 스스로 이 세상 임금이 되었습니다. 그래서 이 세상은 도둑의 세상이 되고 말았습니다. '알리바바와 사십 인의 도둑'이라는 이야기에서 사십 인의 도둑들은 자기들이 도둑질한 것을 동굴에 숨겼습니다. 그들은 자기들의 동굴에 자기 것이 하나도 없습니다. 모두 남의 것을 훔치고 강탈한 것뿐입니다. 도둑들이 훔쳐온 금은보석을 어떻게 생각했을까요? 자기 생명처럼 여겼을까요? 아니면 소중한 자기 분신처럼 여겼을까요? 그렇지 않습니다. 그들은 그 동굴에 숨긴 금은보화를 사랑하지도 않고 귀하게 여기지도 않고 소중하게 여기지도 않았습니다. 그것들은 오직 자기들의 쾌락과 정욕과 또 다른 악을 행하기 위한 도구들일뿐입니다.

마찬가지로 이 세상 임금 사단은 이 세상을 사랑하거나 귀하게 여기거나 소중하게 여기려는 마음이 추호도 없습니다. 사단에게 이 세상이란 다만 자기의 뜻, 즉 하나님의 형상을 닮은 사람들로 하여금 하나님과 영원히 분리되게 만드는 목적에만 쓰는 악의 도구일 뿐입니다. 한번 생각해 보십시오. 왜 사단은 이 세상에 속한 자로 하여금 하늘과 바다를 더럽히고 산이나 강을 썩게 만들며 점점 세상의 모든 것들을 파괴하고 망가지게 합니까? 만약 정말 자기가 이 세상을 만들었다면 그렇게 방치하고 방관하게 나두겠습니까?

왜 이 세상에 속한 인간들로 하여금 영혼을 더럽히게 하고 자기들의 육체를 망가지게 하며 자기들의 모든 삶을 파멸하게 만듭니까? 아무리 살인자라도 자기 자녀를 살인자로 살게 하지는 않습니다. 그러나 사단은 자기 권세에 있는 모든 사람들로 하여금 죄와 사망의 올무에서 스스로 파멸케 하고 있습니다. 자기가 낳은 자녀였다면 그렇게 비참하게 망가지도록 하겠습니까? 그렇습니다. 사단은 자기 것이 아니고 바로 하나님의 것이기 때문에 철저히 망가뜨리는 것입니다.

이 세상은 도둑이 판치는 세상입니다. 어떤 정치권력자는 나라의 돈을 합법적으로 도둑질합니다. 자기의 이름을 드러내고 자기의 치적을 쌓기 위하여 나랏돈을 무책임하게 낭비합니다. 그러면서도 정작 꼭 필요한 곳에는 자기 돈도 아니면서 사용하지 않습니다. 어떤 금융가는 합법적으로 사람들의 돈을 보호하고 책임져준다는 명목으로 자기 돈 한 푼 들이지 않고 자기 배를 불립니다. 칼만 안든 강도나 마찬가지입니다. 어떤 기업가는 합법적으로 노동자들을 착취하여 그들의 노동력을 도둑질하고 죽지 않을 정도의 임금만 주고 나머지로 자기 배를 채웁니다. 어떤 철학자나 이념가들은 사람들의 생각과 사상을 도둑질하여 자기

배를 채웁니다.

　다른 대부분의 사람들 역시 세상에 살면서 남의 것을 알든 모르든 훔칠 때가 있습니다. 그리고 그것을 별 죄라고 여기지 않습니다. 왜냐하면 항상 나보다 더한 도둑이 더 많다고 믿기 때문입니다. 그래서 세상은 도둑천지이면서 실상 도둑으로 드러나는 사람은 별로 없습니다. 또 큰 도둑은 죄가 되지 않고 작은 도둑질은 큰 죄가 되는 것이 세상입니다. 몇 백 억의 불법비자금을 만든 자는 법망을 교묘히 피하며 세상의 권력자가 되고 아이가 먹을 분유 하나를 훔친 엄마는 절도죄로 감옥에 들어가야 합니다. 이렇게 세상을 불의하고 뻔뻔스러운 도둑천지로 만든 자가 바로 도둑의 원조 사단인 것입니다.

21세기와 8계명

　그러므로 우리는 8계명을 통하여 하나님께서 깨닫기를 원하시는 것이 무엇인지 알아야 합니다. 하나님은 8계명을 통하여 과연 우리가 도둑질당한 것이 무엇인지를 깨닫기를 원하십니다. 사단은 나의 모든 것을 나도 모르게 도둑질해 갔습니다. 과연 나는 사단에게 무엇을 도둑맞았습니까? 그러나 사단에게 속한 죄인들은 자기가 무엇을 도둑맞았는지조차 모르고 삽니다. 그 이유는 내 안에 진짜를 가짜로 바꾸었기 때문입니다. 마치 영화의 줄거리처럼 세상에서 가장 귀한 미술품을 훔치기 위하여 진짜를 가짜로 바꿔치기한 것과 마찬가지입니다.

　사단은 내 안에 하나님과 닮은 영을 도둑질하였습니다. 그리고 그 영에 자기의 악을 심어 나로 하여금 하나님을 부정하고, 무시하고, 믿기 싫어하는 타락한 영으로 바꾸어 놓았습니다. 또 나의 혼을 도둑질하여 더러운 혼으로 바꾸었습니다. 그래서 혼안에 있는 지, 정, 의라는 기능을 사단의 조종을 받아 움직이도록 만들었습니다. 하나님의 모든 지식을 깨달을 수 있는 지적인 기능이 오히려 하나님을 부정하고 대적하는 기능으로 바뀌었습니다. 그래서 성경을 부정하고 진화론을 신봉하며 하나님의 말씀을 우습게 여기는 자로 만들었습니다. 다시 말해서 나의 모든 지식이 하나님을 아는 것으로 충만하고 하나님의 지식과 지혜로 명철해야 할 것을 사단의 더러운 지식으로 가득 차게 하여 오히려 하나님 앞에 무지하고 교만한 자로 만들었던 것입니다.

또 하나님을 찬양하고 하나님을 기뻐하며 하나님을 사랑할 수 있는 감정을 도리어 하나님을 미워하게 하고 하나님을 증오하게 하고 오직 세상을 기뻐하고 세상을 사랑하게 만드는 정욕과 쾌락의 시녀로 타락시켰습니다. 또한 오직 하나님의 말씀에 순종하도록 하게 하는 의지를 변형시켜 오히려 하나님의 뜻을 거절하고 하나님의 말씀을 불순종하도록 만들었던 것입니다. 결국 나는 사단에게 하나님을 알 수 있는 지식과 하나님과 사랑을 나누는 감정과 하나님의 모든 말씀에 순종할 수 있는 의지를 도둑맞아 더 이상 하나님을 알 수도 없고, 하나님과 사랑을 느낄 수도 없고, 하나님의 뜻에 순종할 수도 없는 무능력하고 무가치한 존재가 되어 버렸던 것입니다.

도둑맞은 인생들의 삶

사단은 하나님께서 거룩한 백성으로 삼기 위하여 택하신 이스라엘 민족에게도 역사하여 그들로 하여금 하나님의 집에서 하나님의 것을 도둑질하게 만들었습니다. 이스라엘 민족에게 안식일을 거룩하게 지키라고 하셨건만 그들은 하나님의 안식일을 도둑질하여 자기들의 종교적인 날로 바꾸어버렸습니다.

"너는 나의 성물들을 업신여겼으며 나의 안식일을 더럽혔으며" (겔 22:8)

하나님을 경배하고 하나님을 찬양해야 하는 안식일을 자기들의 종교적인 쾌락을 추구하고 자기들의 종교를 숭배하는 우상의 장소로 전락시켜 버린 것입니다. 21세기 기독교의 모습도 마찬가지입니다. 수많은 종교적 기독교인들이 매주 모이는 주일예배는 그들의 종교를 유지하고 세력을 확대하여 자랑하는 그들만의 종교적 행사가 되었습니다. 입으로는 하나님을 찬양하고 영광을 선포하지만 그들의 입에서 나는 은혜는 값싼 은혜요, 거짓 진리요, 모조된 짝퉁 복음입니다. 왜냐하면 사단의 종노릇하는 거짓 인도자들이 하나님의 말씀을 도적질하여 변질시키고 결국 생명이 없는 교회로 위장하여 수많은 기독교 종교인을 양산시켰기 때문입니다.

"여호와의 말씀이 내게 임하여 가라사대 인자야 너는 이스라엘 목자들을 쳐서 예언하라 그들 곧 목자들에게 예언하여 이르기를 주 여호와의 말씀에 자기만 먹이는 이스라엘 목자들은 화 있을찐저 목자들이 양의 무리를 먹이는 것이 마땅치 아니하냐 너희가 살진 양을 잡아 그 기름을 먹으며 그 털을 입되 양의 무리는 먹이지 아니하는도다"(겔 34:1-3)

사단에게 그 영혼을 도둑맞은 자는 결코 하나님께 돌아갈 수가 없습니다. 영혼이 없는 자는 죽은 자라고 성경은 말씀합니다. 우리는 사단에게 나의 영혼을 도둑맞았고, 나의 생각과 마음을 도둑맞았으며, 나에게 주셨던 하나님의 모든 안식과 축복을 도둑맞았습니다. 또한 영원한 시간까지 도둑맞아 나에게 주어진 시간은 마치 모래시계나 마찬가지입니다. 그렇습니다. 나는 사단에게 나의 인생을 도둑맞았습니다. 그래서 하나님은 8계명을 통하여 내가 사단에게 도둑맞은 것이 무엇인지를 깨닫기를 원하셨던 것입니다.

도둑맞은 인생을
어떻게 찾을 것인가?

사람들은 사단에게 도둑맞는 인생을 이 세상에서 되찾으려 합니다. 그러나 세상에서 나의 도둑맞은 인생의 모든 것을 찾는 것은 또다시 사단에게 속아 넘어가는 것입니다. 마치 내 것을 도둑질한 자에게 내 것을 찾아달라고 애원하는 것과 마찬가지입니다. 그래서 세상에게 잃어버린 영혼을 되찾게 해달라고 하면 그나마 죽은 영혼까지 지옥가게 만드는 거짓 영혼의 해답을 제시합니다. 세상에서 도둑맞은 거룩한 감정을 되찾으려 하면 더 추하고 더러운 감정의 노예가 되어 버리게 만듭니다. 또 도둑맞아 잃어버린 의지를 세상에서 찾으려하면 더더욱 하나님의 말씀에 불순종하는 고집과 아집으로 똘똘뭉친 신념을 받게 됩니다. 그러므로 내가 잃어버린 거룩하고 신성한 모든 것을 다시 회복하려면 세상이 아닌 바로 그것들을 창조하시고 나에게 주셨던 창조주 하나님께 다시 받아야 합니다.

도둑맞은 인생을
도로 되찾는 것이 아니다

우리가 사단에게 도둑맞았던 그 신성한 모든 것들은 하나님께서 사단에게 다시 빼앗아 돌려주시는 것이 아닙니다. 이미 사단에게 도둑맞은 것은 사단에 의해 더럽혀졌기 때문에 하나님께서는 다시 취하지 않으십니다. 그러므로 내가 도둑맞은 것을 다시 받는 것이 아니라 전혀 새로운 것을 받아야 합니다. 그래서 하나님께서 아들을 이 세상에 보내신 것입니다. 하나님의 아들이 와서 내가 도둑맞고 사단이 바꿔치기 한 쓰레기 같은 영혼, 하나님을 아는 것을 대적하는 모든 교만한 지식, 더럽고 추악해진 감정들, 고집불통의 의지를 십자가에서 모두 죽이신 것입니다.

예수님이 사단에게 세 번 시험받으실 때에 사단은 예수님께서 자기에게 절하면 자기가 아담에게 얻은 모든 것을 다시 돌려준다고 제의했습니다. 그러나 예수님은 거절하시고 오직 하나님만 경배하라고 사단을 꾸짖었습니다. 왜 예수님은 도둑맞아 잃어버린 모든 것을 다시 찾을 수 있음에도 거절하셨을까요?

그것은 더 이상 도로 찾을 필요가 없는 타락한 것이기 때문입니다. 예수님은 오직 하늘로부터 오는 새 것을 주시기를 원하셨습니다. 왜냐하면 위로부터 오는 것이야말로 깨끗하고 거룩한 것이 되기 때문입니다.

"오직 위로부터 난 지혜는 첫째 성결하고 다음에 화평하고 관용하고 양순하며 긍휼과 선한 열매가 가득하고 편벽과 거짓이 없나니"(약 3:17)

예수님은 십자가에서 내가 사단에게 도둑맞고 대신 채워진 모든 더러운 영혼과 지식과 마음과 의지, 가치관, 성품, 기질 등등 모든 것을 십자가에서 그와 함께 죽이심으로 없이 하셨습니다. 그리고 예수님과 함께 다시 살리실 때 본래 나에게 주시고자 했던 모든 것을 하늘에 속한 거룩한 것으로 새롭게 주셨습니다.

나의 영혼이 새로워졌고 나의 마음이 새로워졌습니다. 나의 성품과 기질은 신의 성품으로 바뀌었고 나의 가치관은 하늘의 가치관으로 바뀌었습니다. 나의 생각은 영의 생각으로 되었고 나의 시간은 영원한 시간으로 바뀌었습니다. 나는 하나님의 안식을 하나님과 함께 누리는 자가 되었고 하나님의 축복이 늘 충만한 하나님의 자녀가 된 것입니다. 할렐루야!

그러므로 예수 그리스도 안에서 모든 것이 새롭게 된 자는 그 영혼이 만족하며 세상에서도 만족할 줄 하는 비밀이 있는 사람입니다. 굳이 남의 것을 도적질할 필요성을 갖지 않아도 되는 사람이 된 것입니다. 또 모든 필요한 것을 하나님께서 주신다고 약속하셨기에 그 약속을 믿고 순종한다면 세상 것을 탐하고 정욕을 위해 소유하려는 마음이 제어되고 통제될 수 있게 됩니다. 즉 도적질할 필요가 없는 사람이 되는 것입니다. 오히려 다른 사람의 영혼을 위해서 스스로 벌어서 그 영혼을 구원하는 사람이 되는 것입니다.

"도적질하는 자는 다시 도적질하지 말고 돌이켜 빈궁한 자에게 구제할 것이 있기 위하여 제 손으로 수고하여 선한 일을 하라"(엡 4:28)

그러나 거듭나지 못하면 사단에게 속하여 일생을 사단에게 도둑맞은 인생으로 살며 자기 영혼의 공백을 세상 것으로 메우기 위하여 세상을 도둑질하며 사는 비참한 인생으로 살아가게 됩니다. 왜냐하면 세상을 도둑질하는 인생은 결코 만족함이 없기 때문입니다. 그러나 거듭난 사람은 사단에게 도둑맞은 인생을 예수 그리스도 안에서 새롭게 회복하여 하나님의 은혜로 충만한 삶을 영육 간에 누리며 살아갑니다. 왜냐하면 그에게 하늘로부터 신령한 은혜가 늘 충만하기 때문입니다.

"우리가 다 그의 충만한데서 받으니 은혜 위에 은혜러라"(요 1:16)

내 시간, 내 물질, 내 영, 혼, 육 모두가 내 것인 것처럼 착각하고 내 마음대로 살아가는 것이 하나님의 모든 것을 도적질하는 것이라는 것을 8계명을 통하여 깨닫게 하옵소서. 예수님의 이름으로 기도드립니다. 아멘.

죄에 대하여 죽었음을 보여주는
아홉 번째 거울

"네 이웃에 대하여 거짓증거하지 말찌니라" (출 20:16)

정치인이 거짓말을 하지 않고 진실만 말한다면 유권자가 그 사람을 뽑아줄까요? 기업인이 진실만을 말한다면 그 기업이 나날이 번창하게 될까요? 부모가 진실만 말한다면 자녀들이 행복할까요? 광고가 진실만을 말한다면 상품이 잘 팔릴까요? 모두가 거짓말을 하지 않는다면 정말 사회가 행복해질까요? 정말 우리는 정직한 사회, 거짓말하지 않는 사회를 진정으로 원할까요? 또 그렇게 된다면 행복한 삶이 주어질까요? 모두가 원하지만 불행하게도 실제로는 그렇지 않습니다.

만약 누군가 거짓말을 하지 않고 살아가기를 실천한다면 그는 곧 불가능하다는 것을 깨닫고 자기의 시도를 멈추게 될 것입니다. 왜냐하면 죄로 타락된 세상은 그 자체가 거짓이기 때문입니다. 그래서 9계명은 거짓말을 하지 말라가 아니고 다른 사람에 대하여 거짓 증거하지 말라고 명령하신 것입니다. 왜냐하면 하나님께서는 죄로 타락된 세상이 이미 거짓된 세상으로 타락하여 거짓말 없이 살아갈 수 없음을 미리 아셨기 때문입니다.

수많은 거짓말 중에 가장 악한 거짓말은 다른 사람을 해치려고 거짓증거를 하는 것입니다. 멀쩡한 사람을 살인범으로 몰아 죽이거나 죄를 지은 적이 없는 사람을 위증하여 죄인으로 몰아 그 인생을 망치게 하는 것처럼 악한 거짓말도 없을 것입니다.

하나님은 이스라엘 백성이 가나안 땅에 들어가서 서로를 미워하고 해치려 할 목적으로 다른 사람을 거짓된 증거로 모함하여 서로 물고 뜯지 못하도록 9계명을 주신 것입니다. 그러나 죄로 타락된 성품은 거짓말의 영이 그 안에 있어 틈만 나면 다른 사람에 대하여 거짓증거를 하여 상처를 주고 피해를 끼치며 심지어 죽이기까지 합니다. 그것도 진실이라는 명분으로 다른 사람에게 상처를 주는 것입니다.

9계명은 모든 인류가 하나님 앞에서 저지르는 가장 악하고 비열한 죄의 예고이기도 합니다. 바로 하나님의 아들 예수 그리스도가 이 세상에 오셨을 때 예수 그리스도에 대하여 거짓 증거하는 것입니다. 예수님에 대한 거짓증거는 예수님이 붙잡혀 빌라도에게 재판받을 때에 유대지도자들이 몰래 앞세운 거짓증인 몇 사람의 이야기가 아닙니다. 예수님을 믿지 않고 예수 그리스도의 구원을 생명으로 받지 못한 모든 거듭나지 못한 자들의 죄이기도 합니다.

21세기 지금 누구나 예수 그리스도에 대하여 자기가 아는 만큼 말합니다. 그러나 예수 그리스도에 대하여 좋게 이야기를 하든 나쁘게 이야기하든 거듭나지 못한 사람들의 말은 모두 거짓 증거입니다. 왜냐하면 진리 안에 있지 않는 자는 그 입에서 나온 모든 말이 거짓이기 때문입니다. 거듭나지 못한 목사가 예수 그리스도에 대하여 증거하는 것은 그 말이 옳아도 거짓증거입니다. 거듭나지 못한 선교사가 예수 그리스도에 대하여 아무리 복음적으로 전도해도 거짓증거를 할 뿐입니다. 아무리 내가 예수 그리스도의 복음을 잘 증거해도 거듭나지 않고 하는 것은 모두 예수님에 대하여 거짓증거가 되는 것입니다. 그 이유는 거듭나지 못한 자가 예수님을 증거할 때 그 증거가 예수 그리스도의 영광을 나타내는 것이 아니라 그 증거를 하는 자기 자신의 영광을 나타내기 때문입니다. 결국 예수님을 영광되도록 증거 하는 것이 아니라 자기 자신을 예수님보다 더 증거하는 어리석고 악한 자가 되는 것입니다.

거짓된 세상,
거짓된 사람들

이 세상은 거짓말로 돌아가는 세상입니다. 다시 말하면 거짓말쟁이로 가득 찬 세상입니다. 만약 거짓말이 이 세상에 없어진다면 어떻게 될까요? 모든 것이 올스톱됩니다. 어떤 기자가 책을 쓰려고 스스로 사십 일 동안 거짓말을 하지 않고 진실만 말하는 계획을 세워 실천했습니다. 그가 거짓말을 안 하면서부터 그의 직장생활에 문제가 생기고 가정생활에 문제가 생기기 시작했습니다. 사람관계에서 삐걱거리기 시작하고 부부관계가 냉랭해졌으며 부모자녀 간에 험악해지고 직장동료에게 따돌림을 받기 시작했습니다.

그가 거짓말을 하지 않고 지내기를 사십 일이 마쳤을 때 거짓말이 난무하는 세상은 여전히 잘 돌아가고 있었고 자기만이 해결할 문제가 산더미처럼 쌓였던 사실을 기록해 놓았습니다. 그렇습니다. 우리도 하루라도 거짓말을 하지 않고 지내려고 한다면 아마 스스로 세상과 단절되어 살아야 할 것입니다. 문제는 그렇게 살아도 스스로에게 거짓말을 하지 않을 수 있겠느냐 라는 것입니다. 문제는 우리는 남에게만 거짓말을 하는 것이 아니라 스스로 자기 자신에게 거짓말을 수없이 많이 하며 살아가고 있기 때문입니다. 그래서 성경은 스스로 속이지 말라고 기록하고 있습니다.

심리학자의 연구에 따르면 우리는 10분에 8번 정도 거짓말을 하고 살아가며 하루에 평균 200번의 거짓말을 듣고 살아간다고 합니다. 어떤 진화론자는 인간은 거짓말을 통해 진화된 만물의 영장이라고 말합니다. 또 어떤 학자는 우리는 거짓말의 필요성을 인정하고 정직이 주는 가치를 지키려 할 때에 지금보다 더 나은 세계를 나갈 수 있다고 말합니다. 이 말들은 이 세상이 거짓말이 없다면 다시 말해서 진실한 말만 하는 세상이라면 세상이 존재할 수 없다는 것을 스스로 인정한 것입니다.

21세기는 세상이 말하는 거짓말도 믿지 않는 세상이 되었습니다. 예전에는 거짓말이라도 믿고 속아 살았습니다. '우리도 한번 잘 살아보세'라는 말을 믿으며 열심히 일하고 살았습니다. 또 '쨍하고 해 뜰 날 돌아오겠지'라는 말을 믿으며 참고 살아왔습니다. 18세기 전까지 수많은 왕과 권력자들이 잘살게 해주겠다는 거짓말을 믿었습니다. 그러나 어느 날 통치자들이 거짓말을 하고 있었다는 사실을 뒤늦게 깨달았습니다. 19세기 민주주의나 공산주의가 잘 살게 해주겠다는 거짓말을 믿었지만 결국 속았다는 것을 뒤늦게 깨달았습니다. 20세기 돈이 잘 살게 해준다는 거짓말을 믿었지만 결국 자본주의가 말하는 것이 거짓말이라는 사실을 뒤늦게 깨닫기 시작했습니다.

성경은 마지막 때 세상의 모든 거짓말쟁이들이 마지막으로 속을 거짓말을 예언하고 있습니다. 그것은 적그리스도가 나타나서 온 세상 사람들에게 화평과 안식과 행복을 주겠다고 속이는 것입니다. 그리고 모든 세상 사람들은 그 마지막 사단의 말에 모두 속아 넘어갑니다. 그러나 곧 그것이 거짓말이라는 것을 뒤늦게 깨닫고 땅을 치며 후회하게 됩니다. 그들은 돌이킬 수가 없습니다. 왜냐하면 사단의 거짓말을 믿은 자들은 바로 세상에서 거짓말로 살아갔던 거짓말쟁이였기 때문입니다.

"악을 행하는 자는 궤사한 입술을 잘 듣고 거짓말을 하는 자는 악한 혀에 귀를 기울이느니라"(잠 17:4)

거짓말의 달인 사단

사단은 거짓의 아비이며 최초로 거짓말을 발명한 타락한 천사입니다. 그는 하와에게 접근하여 거짓말을 시작했습니다. 거짓말은 말 자체만 거짓이 아니라 말속의 의미가 거짓된다면 그 말이 옳은 것이라도 거짓말이 됩니다. 뱀이 하와에게 에덴동산에 있는 모든 나무실과를 먹지 말라 하시더냐? 라고 물은 것은 말 자체는 거짓말이 아니지만 그 의도는 거짓된 것이었습니다. 뱀의 모습으로 나타난 사단은 하와로 하여금 하나님의 말씀을 믿지 못하게 할 목적으로 말을 건넸기 때문입니다.

하와가 사단을 통하여 거짓말하는 영을 받아들이자 사단은 하와에게 하나님께서 먹으면 정령 죽으리라 하신 말씀을 결코 죽지 아니하리라 라고 하며 하나님의 말씀보다는 자기의 말을 더 신뢰하게 만들었습니다. 그리고 거짓말의 쐐기를 박았습니다. 그것은 하나님께서 먹지 말라고 하신 선악을 알게 하는 나무과실을 먹으면 하나님과 같이 될 수 있다는 지상 최대의 거짓말을 지어낸 것입니다. 사단은 거짓말로 하나님의 형상을 닮은 사람을 타락시킨 장본인입니다. 거짓말이 무엇입니까? 사단에게 속아 자기가 하나님의 자리에 앉아 자기의 생각과 자기의 판단이 옳은 것처럼 말하는 것입니다. 하와는 사단의 거짓말하는 영을 받아 하나님의 말씀에 자기의 생각을 더하는 거짓말을 했습니다. 먹지도 말라는 하나님의 말씀에 만지지도 말라는 자기 생각을 덧붙였던 것입니다.

"너는 그 말씀에 더하지 말라 그가 너를 책망하시겠고 너는 거짓말하는 자가 될까 두려우니라"(잠 30:6)

죄로 타락한 아담과 하와의 후손은 모두 태어나면서 거짓말쟁이로 태어납니다. 비록 말을 못해도 그 안에는 거짓말하는 본성을 가지고 태어나는 것입니다. 그래서 어느 날 말을 하게 되면 가르쳐 주지 않아도 서서히 자기도 모르게 거짓말을 하게 되는 것입니다. 아이들은 거짓말을 하지 않는다고 믿지만 그것은 착각입니다. 아이들은 자기가 보는 대로 자기가 생각한 대로 말합니다. 그러나 그 아이들이 보고 생각하는 것이 거짓된 것이라면 결국 거짓을 말하고 거짓된 것을 생각할 수밖에 없습니다. 비록 아이들이 거짓말하려는 의도가 없을 지라도 죄인의 입에서 나오는 모든 말은 하나님 앞에서 거짓말이 된다는 것입니다.

"내가 경겁 중에 이르기를 모든 사람은 거짓말쟁이라 하였도다"(시 116:11)

"그럴 수 없느니라 사람은 다 거짓되되 오직 하나님은 참되시다 할지어다"(롬 3:4)

거짓말의 특성

거짓말은 인간들에게만 있는 특별한 능력입니다. 물론 동물들도 속이는 행동을 하고 서로 속이는 모습을 관찰할 수 있습니다. 먹이를 훔치거나 자기 새끼를 보호하기 위해 날개가 부러진 것처럼 행동하거나 자기 보호를 위해 여러 가지 형태가 관찰됩니다. 그러나 그것은 본능적인 행동이지 인간들처럼 마음에서 계획되어 나오는 것이 아닙니다. 사람들의 거짓말은 부패한 마음에서 비롯됩니다. 그리고 거짓말을 점점 발전시켜 나아갑니다. 아이들이 성장하여 어른이 될 때까지 거짓말은 고도로 발전되어 삶의 가장 큰 주축이 됩니다. 그래서 심리학자들의 연구에 의하면 인간이 문명을 이루고 발전시킨 것은 바로 거짓말이 진화되었기 때문이라고 말합니다. 이 말은 인간의 거짓말이 이 세상의 모든 문명을 만들었다는 것입니다.

거짓말을 하기 위해서는 먼저 자기를 속여야 합니다. 자기를 속이기 때문에 남에게 거짓말을 하는 것입니다. 동물은 스스로를 속이지 않습니다. 그럴 필요가 없기 때문입니다. 그러나 사람은 자기를 스스로 속여야 합니다. 왜냐하면 자기를 창조하신 하나님을 마음에 두기 싫어하는 죄성이 있기 때문입니다. 그래서 사람들은 타고난 거짓말쟁이들입니다. 자기를 창조하신 하나님을 믿지 않기 위하여 그 알량한 뇌로 만든 모든 것이 결국 누구를 속이는 것입니까? 결국 자기 자신들입니다. 그들은 뱀의 혀처럼 한 입으로 하나님을 찬양하고 또 같은 입으로 하나님을 저주합니다. 또한 사람의 거짓말로 사람의 생명을 죽일 수 있습니다. 아무리 사나운 사자라도 그 소리로 동물을 해치거나 죽일 수 없습니다. 그러나 사람은 총이나 칼이 없어도 그 입에서 나오는 말로 사람을 해치거나 죽일 수 있습니다.

21세기와 9계명

21세기에 들어와서 거짓말의 신세계가 펼쳐졌습니다. 이제는 기계를 통하여 거짓말을 만들고 또 기계를 통하여 거짓말을 퍼뜨리게 된 것입니다. 온라인 사기, 인터넷 유포, 스팸메일, 거짓동영상 등 이제는 사이버 범죄로 사회질서가 무너지고 있습니다. 마우스 클릭 한번으로 거짓을 온 세상에 퍼뜨릴 수 있는 세상, 인터넷으로 사람을 죽일 수 있는 세상, 온라인으로 모든 사람을 파멸케 할 수 있는 세상이 가능했던 것은 바로 이 세상이 거짓말로 돌아가기 때문이었습니다. 아담 이후로 거짓말을 한 번도 하지 않고 산 사람은 이 땅에서는 없습니다. 오직 하늘로부터 오신 예수님만이 거짓말을 하지 않으신 분입니다. 그래서 세상은 그를 미워했고, 증오했고, 죽였던 것입니다. 그런데 이제 예수 그리스도를 통하여 구원받은 심령들에게 성경은 다시 명령하셨습니다. 그것은 거짓말을 하지 말라는 것입니다.

"너희가 서로 거짓말을 말라" (골 3:9)

과연 그것이 가능할까요? 예! 그리스도 안에서는 가능합니다.

오직 그리스도 안에서만 가능합니다. 그러나 구원받았다 할지라도 여전히 거짓된 세상에서 육체로 살아갈 때에 거짓말을 하지 않고 살아간다는 것은 불가능합니다. 그러므로 구원받은 성도들은 늘 하나님의 말씀으로 자기의 혀를 통제하고 먼저 자기를 스스로 속이는 것을 경계해야 합니다. 항상 하나님 앞에서 진실한 자세를 취할 때 나는 다른 사람에게도 진실한 말을 할 수 있기 때문입니다. 스스로 속이지 않기 위하여 사도 요한은 자기를 점검하는 말씀을 경계로 기록해 놓았습니다. 우리는 그것을 보고 혹 자기 스스로를 속이고 있지 않는지를 또 거짓말을 하고 있지 않는지를 점검할 수 있습니다.

1. 빛 가운데 있다고 하면서 어두운 가운데 행하는 자

"만일 우리가 하나님과 사귐이 있다 하고 어두운 가운데 행하면 거짓말을 하고……"(요일 1:6)

2. 스스로 죄 없다 하는 자

"만일 우리가 죄 없다 하면 스스로 속이고 또 진리가 우리 속에 있지 아니할 것이요" (요일 1:8)

3. 그의 계명을 지키지 않는 자

"저를 아노라 하고 그의 계명을 지키지 아니하는 자는 거짓말하는

자요 진리가 그 속에 있지 아니하되"(요일 2:4)

4. 예수 그리스도를 부인하는 자

"거짓말하는 자가 누구뇨 예수께서 그리스도이심을 부인하는 자가 아니뇨 아버지와 아들을 부인하는 그가 적그리스도니"(요일2:22)

5. 형제를 미워하는 자

"누구든지 하나님을 사랑하노라 하고 그 형제를 미워하면 이는 거짓말하는 자니 보는바 그 형제를 사랑치 아니하는 자가 보지 못하는 바 하나님을 사랑할 수가 없느니라"(요일 4:20)

하나님은 결코 거짓말하는 자들이 하나님 나라에 들어갈 수 없다고 말씀하셨습니다. 그러므로 거짓말이 나의 영혼을 파먹지 못하도록 늘 경계하고 내 안에 거짓이 발견되었을 때 바로 예수 그리스도의 피로 씻김을 받아야 합니다. 그리고 거듭난 성도들은 성도의 발 씻김을 통하여 서로의 거짓을 씻겨주도록 예수께서 먼저 본을 보여 주셨습니다. 이 거짓된 세상에서 안전하게 신앙생활을 할 수 있는 비밀을 가르쳐 주셨던 것입니다. 그러므로 하나님의 교회가 성도들의 거짓과 거짓말을 분별하여 하나님의 거룩한 말씀으로 씻어 항상 거룩함을 유지하지 못한다면 그 교회는 거짓과 거짓말이 난무하는 사단의 교회로 전락되어 버리고 말 것입니다.

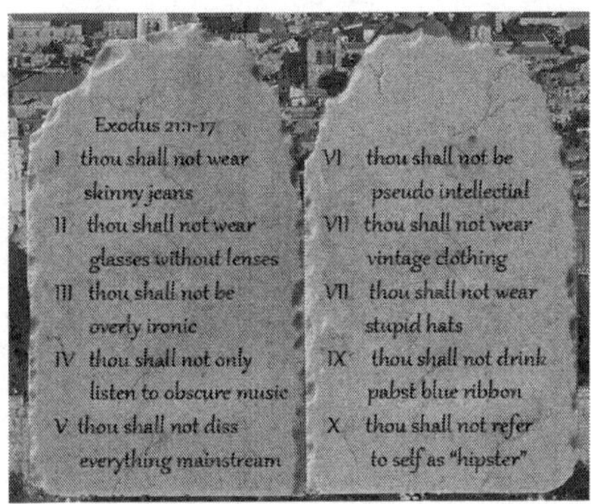

우리는 태어날 때부터 거짓말쟁이로 태어나서 거짓말을 진실로 착각하고 살았습니다. 그것은 거짓의 아비인 사단의 권세에 붙잡혀 거짓의 종노릇했기 때문입니다. 그러나 주님의 십자가에서 흘려진 피로 나의 모든 거짓이 씻기고 새 영과 새 마음으로 변화되므로 이제 진실한 말을 할 수 있게 되었습니다. 이렇게 된 것이 오직 예수 그리스도의 피로 이루어짐을 주님의 이름으로 감사드립니다. 아멘.

죄에 대하여 죽었음을 보여주는
열 번째 거울

"네 이웃의 집을 탐내지 말찌니라 네 이웃의 아내나 그의 남종이나 그의 여종이나 그의 소유나 그의 나귀나 무릇 네 이웃의 소유를 탐내지 말찌니라"(출 20:17)

마지막 열 번째 계명에서 탐하지 말라는 것은 우리가 가지고 있는 기본적인 욕구를 금하는 것일까요? 그렇다면 내가 다른 사람보다 더 많이 벌고 잘 살고 싶은 마음도 탐욕일까요? 과연 탐욕의 기준은 어디일까요? 얼마만큼 버는 것이 탐욕에 저촉되지 않는 선일까요? 21세기는 금전만능시대입니다. 돈을 가장 중요시하는 나라는 중국 다음에 우리나라입니다. 우리 역시 돈벼락 맞기를 바라서 로또에 매달리고 돈방석에 앉는 것이 소원이고 돈만 있으면 모든 것이 해결된다고 믿습니다. 그렇다면 돈이 탐욕의 근원일까요? 그렇지 않습니다. 전도서에서 돈은 범사에 유용하게 쓰이는 것이라고 말씀합니다. 또 돈을 사랑하는 것이 일만 악의 뿌리가 된다고 하였지 돈 자체를 악이라고 하지 않았습니다.

"돈은 범사에 응용되느니라"(전 10:19)

"돈을 사랑함이 일만 악의 뿌리가 되나니 이것을 사모하는 자들이 미혹을 받아 믿음에서 떠나 많은 근심으로써 자기를 찔렀도다"(딤전 6:10)

　돈은 그저 가치를 일시적으로 부여한 종이일 뿐입니다. 다만 돈에 대한 사람의 마음이 문제라는 것입니다. 예수님 당시 바리새인들은 겉으로는 돈을 혐오하는 척하면서 실제로는 돈을 사랑하는 자들이었습니다. 예수님은 이러한 위선적인 바리새인의 누룩과 외식을 주의하라고 제자들에게 가르치셨습니다. 그런데 누가복음 21장에 보면 어떤 사람이 예수님께서 제자들에게 이렇게 말씀하시는 것을 듣다가 갑자기 뚱딴지같은 요청을 하는 것을 발견합니다.

　예수님은 바리새인들의 외식 곧 위선을 주의하라고 말씀하시면서 육체만을 죽일 수 있는 세상을 두려워하지 말고 육체와 영혼을 지옥에 보내시는 하나님을 두려워하라고 가르치셨습니다. 그런데 한 사람이 갑자기 전혀 다른 이야기를 꺼내 놓는 것입니다. 그것은 자기 형과 재산다툼이 일어났는데 자기 형을 명하여 그 유업을 나누게 해달라고 요구한 것입니다. 이러한 현상은 거의 대부분의 교회에서 나타나는 현상입니다. 아무리 귀한 복음의 설교를 듣고 감동을 받고 은혜를 받았어도 설교시간이 끝나면 복음과는 전혀 관계가 없는 세상 이야기로 교제를 나누고 귀한 시간을 낭비합니다. 왜 그런 것일까요?

　예수님께 갑자기 재산 다툼을 해결해 달라고 한 그 사람도 마찬가지입니다. 그는 예수님의 말씀은 전혀 관심이 없었습니다. 이 사람의 문제가 무엇입니까? 그렇습니다. 바로 탐심이 문제입니다. 왜 복음의 설교를 들어도 전혀 딴 소리들만 하고 있을까요? 그것은 바로 우리 안에 있는 탐심 때문에 그런 현상이 일어납니다. 예수님께 요청한 그의 말을 들어보면 재산을 형에게 다 빼앗겨 억울한 것처럼 보입니다. 아니 그는 실제로 그런 억울한 일을 당하고 있었습니다.

그러나 예수님이 보실 때는 그 역시 자기 형처럼 탐욕에 종노릇하는 사람이었습니다. 왜냐하면 그는 자기 소유가 넉넉한 것이 그의 삶의 목표였기 때문입니다. 그가 예수님을 쫓아다니는 제자였을지는 모르지만 결코 예수님이 주시고자 하는 생명은 관심 없는 사람이었습니다. 영원한 생명에 관심이 없는 사람은 늘 세상 썩어질 것만 집착합니다. 세상 문제가 일어나면 오직 그것에만 빠져있습니다. 그는 예수님의 말씀을 들으면서도 생각은 세상 것에만 마음이 가 있었던 것입니다.

그래서 예수님은 한 부자의 비유를 말씀하시면서 자기를 위하여 재물을 쌓아두고 하나님께 대하여는 부요치 못한 자의 어리석음에 대하여 지적하셨습니다. 누가복음에 기록된 한 부자의 문제는 무엇입니까? 그도 역시 자기 소유가 넉넉한 것이 인생의 목표인 사람이었습니다. 세상에서 남에게 피해를 끼치지 않고 오직 자기와 자기 가족을 위하여 수고하며 고생하여 재산을 모으고 부유해지는 것이 뭐가 문제가 됩니까? 세상적으로 아무 문제가 안 됩니다. 이것을 탐욕이라고 한다면 그것은 남이 잘 되는 것이 배가 아파서 하는 시기와 질투가 가득한 사람 밖에 안 됩니다.

그렇다면 예수님도 시기와 질투심으로 부자에게 어리석은 자라고 하셨을까요?

그 부자의 문제는 무엇입니까? 그것은 앞에 형과의 재산권 다툼을 해결해달라는 사람과 같은 마음상태를 갖고 있다는 것입니다. 즉 오직 자기 소유물로 자기의 신을 삼은 것입니다. 자기 가족, 자기 재물, 자기 자아, 자기 가치관, 자기, 자기…… 자기 밖에 없는 사람입니다. 그 부자 역시 탐욕의 종노릇하는 사람이었습니다. 그날 밤 그 부자의 영혼을 하나님께서 취해 가셨을 때 그가 이 세상에서 자기를 위하여 준비한 모든 것은 과연 누구 것이 되었을까요?

예수님은 더 나아가 제자들에게 무엇을 먹을까 무엇을 마실까 구하지 말며 근심하지도 말라고 말씀하셨습니다. 다만 그의 의와 그의 나라를 먼저 구하면 나머지 것을 더하실 것이라고 말씀하셨습니다. 그런데 대다수 크리스천들이 이 말씀을 잘못 오해하고 있습니다. 마치 구원받고 인내를 갖고 기도하며 기다리면 내가 필요한 모든 것을 하나님께서 주실 것을 상상한다는 것입니다. 그러나 이것도 고상한 영적 탐심입니다.

"저희에게 이르시되 삼가 모든 탐심을 물리치라 사람의 생명이 그 소유의 넉넉한데 있지 아니하니라" (눅 12:15)

한번 진지하게 생각해봅시다. 예수님이 이 말씀을 하실 때 이스라엘 민족의 대부분은 헐벗고 굶주린 자들이었습니다. 예수님의 제자 베드로, 요한, 야고보 등등 열 두 제자들도 여전히 먹고 마시고 입을 것을 걱정하며 살아가야 하는 사람들이었습니다. 만약 지금 아프리카에서 오늘도 먹을 것이 없어 죽어가는 사람들에게 이 말을 한다면 믿어줄까요? 역 근처에서 하루하루 무의미하게 살아가는 노숙자들에게 이 말을 한다면 그들이 믿어줄까요? 그럴 수 없을 것입니다. 왜냐하면 그들은 당장 무엇을 먹을까 걱정하고 염려해야 되는 사람들이기 때문입니다. 만약 내가 당장 먹을 것과 마실 것과 입을 것과 오늘 잠자리가 준비되지 않는다면 나는 이 말씀을 믿을 수 있겠습니까? 그 당시 이 말씀을 들은 제자들이나 많은 무리들이 이 말씀을 믿을 수 있었을까요? 아닙니다. 그들은 믿지 못했습니다. 그들은 여전히 무엇을 먹을까 무엇을 마실까 하며 근심하고 염려했던 것입니다.

"살리는 것은 영이니 육은 무익하니라 내가 너희에게 이른 말이 영이요 생명이라 …… 이러므로 제자 중에 많이 물러가고 다시 그와 함께 다니지 아니하더라" (요 6:63, 66)

오순절 성령이 온 후에 사도들은 하나님의 은혜로 부자가 되었습니까? 그들은 무엇을 먹을까, 입을까, 마실까 염려하지 않아도 될 만큼 풍족해졌습니까? 아닙니다. 그들의 삶은 더

피폐해지고 그들의 배고픔의 고통은 더 심각해졌습니다. 왜 사도 바울은 복음을 전하면서 굶고 매 맞고 추위에 떨고 헐벗었습니까?

"또 수고하며 애쓰고 여러 번 자지 못하고 주리며 목마르고 여러 번 굶고 춥고 헐벗었노라"(고후 11:27)

예수님 말씀대로 하면 사도 바울같이 귀한 하나님의 도구 역할을 맡은 사람에게는 이 모든 것을 알아서 준비해 주셔야 됨에도 불구하고 그에게 주어진 환경은 조금도 나아지지 않았던 이유가 무엇입니까? 왜 진실로 구원받은 사람들의 형편은 카타콤의 순교자들처럼 더 나빠집니까? 먼저 그의 나라와 그의 의를 구한 거룩한 성도임에도 왜 예수님께서 제자들에게 하신 말씀대로 더해지는 것은 굶주림과 헐벗음과 가난해짐입니까? 여기에서 초점은 환경이 아니라 마음입니다.

사도들의 환경은 더 나빠졌고 거듭난 성도들의 삶은 치명적으로 비참해졌지만 그들은 예수님의 말씀처럼 무엇을 먹을까 무엇을 마실까 무엇을 입을까 걱정하고 염려하지 않는 마음으로 바뀌었다는 것입니다. 이것이 예수님께서 그의 나라와 그의 의를 구하면 이 모든 것을 더하시리라는 해답입니다. 내가 원하는 환경이 되고 내가 원하는 욕심이 채워진다는 것이 아니고 하늘의 가치관으로 마음이 바뀌어 그리스도 안에서 만족할 줄 아는 사람이 된다는 것입니다.

그러므로 만약 내 안에 여전히 탐심이 자리 잡고 있다면 예수님께서 하신 말씀은 절대로 내 안에서 풀어지지 않습니다. 그러나 예수님과 함께 십자가에서 그 탐심까지 죽었다는 사실을 시인한다면 이 문제는 간단히 해결됩니다. 까마귀를 하나님께서 어떻게 먹이십니까? 까마귀는 탐심으로 먹을 것을 구하는 것이 아니라 하나님께서 주시는 지혜로 살아갑니다. 들의 백합화는 수고도 아니하고 길쌈도 아니하지만 솔로몬의 어떤 옷보다 더 아름다운 옷을 입을 수 있습니다. 하물며 오늘 들에 있다가 내일 아궁이에 던져질 들풀도 이렇게 입히시고 날짐승도 기르시는 살아계신 하나님께서 얼마나 잘 보살피시겠느냐 라는 말씀입니다. 무엇을 보살피겠다는 것입니까? 육체가 먼저입니까? 영혼이 먼저입니까?

예수님의 말씀을 더 들어보십시오. 그의 의와 그의 나라를 구하면 이런 것들이 필요한 것을 아시고 더하실 것이라고 하시면서 너희 소유를 팔아 구제를 하고 보물을 땅에 쌓지 말고 하늘에 쌓으라고 말씀하십니다.

"적은 무리여 무서워 말라 너희 아버지께서 그 나라를 너희에게 주시기를 기뻐하시느니라 너희 소유를 팔아 구제하여 낡아지지 아니하는 주머니를 만들라 곧 하늘에 둔바 다함이 없는 보물이니 거기는 도적도 가까이 하는 일이 없고 좀도 먹는 일이 없느니라"(눅 12:32-33)

아니 아직까지 그들은 아무것도 받은 것이 없는데 그나마 있는 것까지 모두 주님의 나라를 위해 내 놓으라는 것입니다. 그리고 너희 보물 있는 곳에 너희 마음도 있다고 하시면서 네 마음중심이 어디에 있는가를 지적하셨던 것입니다. 그렇습니다. 대다수 크리스천들도 그의 나라와 그의 의를 구한다고 하면서 그 다음에 이 모든 것을 더하신다는 말씀에 자기의 탐심을 적용시킵니다. 그리고 그 다음에 마땅히 내가 취해야 할 자세에 대해서는 관심을 두지 않습니다. 그래서 자기 소유를 팔아 구제하고 하늘에 보물을 쌓아두라는 말씀은 안중에 두지도 않게 됩니다.

한번 생각해 보십시오. 왜 예수님은 이러한 말씀을 하셨을까요? 아무리 구원받았어도 마음이 땅에 있는 사람에게 무엇을 준다한들 그가 그것으로 주님의 영광을 위해 쓰겠습니까? 절대로 그렇지 않습니다. 그러므로 중요한 것은 내 마음이 어디에 초점을 맞추고 있느냐 라는 것을 먼저 가르치고 계시는 것입니다.

그리고 예수님은 최종적인 마무리로 결론을 내셨습니다. 자기 소유로 하늘에 보물을 쌓는 사람은 항상 허리에 띠를 띠고 등불을 꺼트리지 말아서 자기 주인이 결혼식에서 돌아와 문을 두드리면 곧 열어 주려고 기다리는 종처럼 자세를 취하라는 것입니다. 그러면 주인이 왔을 때 친히 주인이 허리띠를 띠고 종을 음식 앞에 앉히고 주인이 오히려 종을 섬길 것이라고 하셨습니다. 성령받은 후 사도들은 이 예수님의 말씀이 무엇을 말하는지 깨달았기에 비록 굶주리고 헐벗고 추위에 떨어도 개의치 않고 자기 소유로 혹은 스스로 벌어서 복음을 전하는 자가 되었던 것입니다.

"너희 보물있는 곳에는 너희 마음도 있으리라 허리에 띠를 띠고 등불을 켜고 서 있으라 너희는 마치 그 주인이 혼인 집에서 돌아와 문을 두드리면 곧 열어 주려고 기다리는 사람과 같이 되라 주인이 와서 깨어 있는 것을 보면 그 종들은 복이 있으리로다 내가 진실로 너희에게 이르노니 주인이 띠를 띠고 그 종들을 자리에 앉히고 나아와 수종하리라"(눅 12:34-37)

탐심은 우상 숭배

"그러므로 땅에 있는 지체를 죽이라 곧 음란과 부정과 사욕과 악한 정욕과 탐심이니 탐심은 우상 숭배니라 이것들을 인하여 하나님의 진노가 임하느니라" (골 3:5-6)

성경에는 탐심을 우상숭배라고 말씀합니다. 우상 숭배란 하나님을 대신하여 섬기는 대상이 모두 해당됩니다. 다시 말해서 하나님보다 더 사랑하는 것이 모두 탐심에 속하는 것입니다. 그것이 부모든, 자녀이든, 남편이나 아내든, 집이나 돈이나 옷이나 보석이나 기타 어떤 물건이라도 하나님보다 더 우선되는 것이 있다면 그것이 탐심이라는 것입니다. 과연 우리의 육의 성품 안에 얼마나 많은 탐심이 자리 잡고 있을까요? 우리 육의 성품 안에는 온갖 탐심이 죽 끓듯 수없이 일어납니다. 그리고 그곳은 바로 내 마음중심입니다.

성경은 만물보다 거짓되고 부패한 곳이 내 마음이라고 말씀합니다.(렘 17:9) 그러나 사람들은 자기 마음을 그렇게 더럽다고 생각하지 않습니다. 오히려 자기 마음이 선하고 착하고 괜찮다고 여깁니다. 다만 세상 환경이나 세상 사람들이 내 마음을 더럽게 만든다고 생각합니다. 그래서 나쁜 마음을 갖거나 악한 생각이 마음에 들면 스스로 통제하고 자제할 수 있다고 생각합니다. 그래서 십계명 중에 1계명부터 10계명까지 마음만 먹으면 지킬 수 있다고 생각합니다.

마음만 먹으면 하나님만을 섬기고, 우상을 섬기지 않고, 하나님의 이름을 망령되이 하지 않고, 안식일을 지키고, 부모를 거역하지 않고, 살인하지 않고, 간음하지 않고, 도적질하지 않고, 거짓말하지 않을 수 있다고 생각합니다. 그러나 열 번째 계명에 와서는 자신이 없어집니다. 왜 열 번째 계명이 남의 것을 탐하지 말라고 되어 있을까요? 숫자 10은 가장 작은 수 1에 아무것도 없는 0을 무한대로 붙일 수 있는 수입니다.

마찬가지로 내 마음에 일어나는 탐심도 무한히 그것도 끝도 없이 일어납니다. 문제는 끊임없이 일어나는 마음의 탐욕을 미리 막을 재간이 없기 때문입니다. 그러나 성경은 십계명 중에 하나라도 어기면 모든 계명을 어기는 것이라고 말씀하고 있습니다. 아무리 아홉 개의 계명을 철저히 지킨다고 하더라도 마지막 열 번째 계명인 탐하지 말라는 것을 어기면 모든 계명을 어기는 것이 된다는 것입니다.

"누구든지 온 율법을 지키다가 그 하나에 거치면 모두 법한 자가 되나니"(약 2:10)

사도바울은 거듭나기 전 율법에 흠이 없이 살려고 애썼던 철저한 율법주의자요 바리새인이었습니다.(빌 3:5) 그가 거듭나기 전에는 열 번째 계명이 무엇을 말하는지 깨닫지 못했습니다. 남의 것을 취하거나 빼앗거나 또는 주인 없는 물건을 취하지 아니하면 열 번째 계명을 지키는 것으로 알았습니다. 그러나 아무리 계명을 지키려고 애를 써도 마음에서 일어나는 탐심은 막을 수 없었습니다. 어쩌면 항상 그를 괴롭혔던 계명은 바로 탐하지 말라는 열 번째 계명이었을 것입니다. 왜냐하면 아무리 지키려고 해도 이미 마음에서 탐심이 일어나는 것을 막을 재간이 없었던 것입니다. 그가 거듭나고 성령을 받은 후에 그는 열 번째 계명을 통하여 자기가 죄인임을 시인하지 않을 수 없었습니다. 바로 열 번째 계명이 그로 하여금 하나님 앞에서 죄를 시인하게 했던 것입니다. 그리고 그가 늘 자기를 말씀으로 점검하고 복음을 전하면서 경계했던 것이 바로 탐심이었습니다.

"너희가 알거니와 우리가 아무 때에도 아첨의 말이나 탐심의 탈을 쓰지 아니한 것을 하나님이 증거하시느니라"(살전 2:5)

탐욕의 무덤 기브롯 핫다와

만약 그 옛날 이스라엘 민족에게 주신 것처럼 나에게도 하늘의 양식을 주신다면 나는 만족하고 행복하게 살 수 있을까요? 애굽에서 나온 이스라엘 민족이 먹을 것과 마실 것이 전혀 없는 광야에서 살아남을 수 있었던 것은 하나님이 그들에게 내려주신 하늘의 만나가 있었기 때문입니다. 하나님은 수많은 이스라엘 백성들을 위해 매일매일 하늘에서 양식을 내려 주었습니다. 이스라엘 민족은 해가 뜨기 전에 매일의 양식을 거두어 먹으면 되었습니다.

세상에서 그 어떤 나라가 하늘에서 내려온 양식을 먹으며 사십 년간을 살았던 적이 있었습니까? 그 어느 나라도 단 한번이라도 하나님이 내려주시는 신령한 음식과 반석으로부터 나오는 신령한 음료를 먹은 적이 있었습니까? 없었습니다. 그러나 이스라엘 민족은 하나님의 이러한 보살핌과 인도하심에 만족하지 못했습니다. 그들 중에 섞여 사는 무리가 탐욕을 품고 하늘에서 내리는 만나를 불평하며 정력이 부족하다면서 애굽에서 살 때에 먹었던 파, 부추, 마늘 등을 추억하며 하나님을 대적하였을 때 하나님은 그들의 요구대로 메추라기를 주셨습니다. 그러나 그들이 먹었던 고기가 이빨 사이에서 씹기도 전에 하나님은 진노하시고 탐욕을 낸 백성들을 죽이셨습니다.(민 11장)

우리는 이스라엘 백성과 다를까요? 마찬가지입니다. 아니 탐욕은 더하면 더했지 모자라지는 않습니다. 왜 십자가에서 그 정과 욕심을 못 박았다고 말하면서 여전히 남의 집을 탐내고, 남의 아내를 탐내며, 남의 차를 탐내며 삽니까? 왜 교회 안에서도 직분을 탐내고, 남의 은사를 탐내고, 형제자매의 물건을 탐내게 됩니까? 왜 매일의 만나를 지금도 말씀으로 주시는데도 불구하고 말씀은 취하지 않고 육체의 정력을 탓하며 세상 썩을 것만을 하나님께 구하고 있습니까?

"그리스도 예수의 사람들은 육체와 함께 그 정과 욕심을 십자가에 못 박았느니라"(갈 5:24)

탐욕은 가난한 사람이 한 끼 양식을 구하는 것을 말하는 것이 아닙니다. 거처할 곳이 없어 방 한 칸 구하는 것이 탐욕이 아닙니다. 탐욕은 내 것이 있는데도 불구하고 필요치 않은 것을 계속 구하는 것입니다. 마치 잠언의 거머리처럼 말입니다.(잠 30:15) 이스라엘 왕 중에 아합이라는 악한 왕이 있었습니다. 그는 사악하고 탐욕스러운 왕이었습니다. 아합 왕이 사는 근처에

탐스러운 포도원 밭이 하나 있었는데 나봇의 포도원이었습니다. 그곳은 하나님이 나봇의 조상 때부터 주신 기업으로서 조상 대대로 지켜온 약속의 기업이었습니다. 이스라엘 민족은 하나님이 주신 기업의 땅을 양도하거나 빼앗을 수 없었습니다.

그러나 아합 왕은 나봇의 포도원을 탐을 내었습니다. 아합 왕이 나봇이라는 사람보다 무엇이 부족하겠습니까? 그는 왕입니다. 그의 땅은 나봇의 땅과는 비교도 안 되는 넓고 좋은 땅이었습니다. 또 그의 재물은 나봇의 재산과 비교도 안 되는 것이었습니다. 그럼에도 불구하고 아합 왕은 나봇의 하나밖에 없는 기업을 갖지 못해서 잠을 이루지를 못했습니다.

결국 아합의 아내 이세벨의 간교한 계교로 인해 나봇은 왕을 모함하는 대적자로 몰려 죽임을 당하고 악한 아합 왕은 나봇의 포도원을 차지하였습니다. 하나님은 엘리야 선지자를 아합 왕에게 보내 그의 더러운 탐욕으로 멸망당할 것을 예언합니다.

"너는 저에게 말하여 이르기를 여호와의 말씀이 네가 죽이고 또 빼앗았느냐 하셨다 하고 또 저에게 이르기를 여호와의 말씀이 개들이 나봇의 피를 핥은 곳에서 개들이 네 피 곧 네 몸의 피도 핥으리라 하셨다 하라"(왕상 21:19)

다윗 왕의 경우도 마찬가지입니다. 다윗은 하나님이 세우신 왕이었습니다. 그러나 그가 육신에게 져서 죄의 덫에 빠졌을 때 그를 타락의 구렁텅이에 빠트린 것이 탐심입니다. 다윗 왕은 아내가 있었습니다. 그는 왕으로서 부러울 것이 없는 사람이었습니다. 그러나 충성스러운 부하들이 전쟁터에 나가 목숨을 걸고 싸우고 있을 때 그는 탐욕의 성을 쌓고 있었습니다. 그가 목욕하는 여인을 보고 궁으로 데리고 왔을 때 그녀는 다윗 왕의 충성스러운 부하 우리야의 아내였습니다. 그러나 다윗 왕은 자기의 탐욕을 뿌리치지 못하고 남의 아내를 범하고 말았습니다. 또 그 사실을 은폐하기 위해 수작을 부리다가 결국 자기 계획대로 되지 않자 적의 손에 죽게 만든 살인자가 되었습니다. 탐욕에 눈이 먼 다윗 왕에게 하나님은 선지자를 보내 그의 죄를 밝히셨습니다.

하나님께서 나단 선지자를 다윗 왕에게 보내며 한 이야기를 들려주었습니다. 한 가난한 자가 양 한 마리가 있었고 또 한 부자가 수많은 양을 가지고 있었는데 그 부자가 손님이 와서 대접을 하기 위해 자기가 소유한 양들 중에서 양을 잡지 아니하고 한 마리밖에 없는 가난한 자의 양을 잡았다는 것입니다. 그러면 어떻게 부자를 처벌할 것이냐는 것입니다. 다윗 왕은 분을 내며 당장 가난한 자의 것을 빼앗은 부자를 능지처참하라고 말합니다. 나단은 그 부자가 바로 다윗 왕이라고 지적하면서 하나님 앞에 회개하라고 하였습니다. 다윗은 그 자리에서 무릎 꿇고 하나님께 회개하게 됩니다. 스스로 갇힌 탐욕의 늪에서 건짐을 받게 된 것입니다.(삼하 11-12장)

우리는 이 세 가지 이야기를 통해 왕이든 백성이든 가난한 자든 부유한 자든 관계없이 탐욕을 품고 살아간다는 것을 알게 됩니다. 또 그 탐욕의 끝은 영혼의 파멸과 고통과 수치심으로 치를 떨게 된다는 사실입니다. 그렇다면 우리 안에 있는 탐욕은 과연 무엇일까요?

탐욕의 뿌리

탐욕은 우리 자연성 안에 있는 기본적인 욕구를 말하는 것이 아닙니다. 만약 식욕이 없다면 우리는 정상적인 삶을 살아갈 수 없습니다. 만약 성욕이 없다면 자녀를 낳을 수 없을 것입니다. 만약 우리가 살고 싶어 하는 욕구가 없다면 모두 스스로 자결할 것입니다. 그러므로 우리의 기본적인 욕구가 탐욕의 뿌리가 아닙니다. 문제는 식욕이 탐식이 되고 성욕이 탐욕적인 성적 타락으로 전락되고 살고 싶은 욕구가 남보다 더 잘 살고 싶은 욕구로 변했다는 것입니다.

에덴동산에서 최초의 사람은 하나님이 그에게 주신 기본적인 욕구를 충족시킬 수 있는 모든 것을 가졌습니다. 그러나 죄로 타락한 후 그들은 에덴동산에서 쫓겨났고 그 후 에덴의 동쪽에 살면서 수고의 법칙에 의해 살도록 되었습니다. 하나님의 형상을 닮은 사람은 하나님의 사랑이 그 안에 말씀으로 들어와 있어야 만이 만족할 수 있습니다.

그러나 하나님의 말씀을 불순종한 사람 안에는 하나님의 말씀대신 사단의 말이 그 안에 들어가 있어서 무엇으로 채워도 채울 수 없는 상태가 되어 버린 것입니다. 사단은 하나님의 형상을 닮은 사람에게 하나님을 무시하고 스스로 하나님이 되어 살도록 속였습니다. 아담 안에서 태어난 모든 사람은 바로 이러한 사단의 속임수에 넘어가 하나님의 자리를 탐하는 탐심을 품고 살아가고 있는 것입니다.

구원받지 못하면, 다시 말해서 내 안에 하나님이 주인이 아니고 내가 주인노릇하고 산다면 그것이 바로 탐욕이라는 것입니다. 정작 나는 하나님을 섬기고 하나님을 주인으로 모시면서 살아야 하는데 사단의 음성을 듣고 내 안에 계셔야할 하나님 자리를 탐내어 스스로 자기가 하나님 자리에 앉아 하나님 노릇하고 살아가는 것입니다. 열 번째 계명은 남의 집이나 남의 아내나 남의 종이나 남의 물건을 탐내지 말라는 명령입니다. 그러나 우리는 늘 내 것보다는 남의 것을 탐내고 내 것도 있는데 늘 남의 것을 빼앗으려 합니다. 이것이 바로 사단이 우리에게 넣어준 탐욕의 뿌리라는 것입니다.

21세기와 열 번째 계명

21세기에 와서 세상은 점점 더 탐욕의 시대로 달려가고 있습니다. 그러나 이상하게도 모든 사람이 탐욕을 품어도 결국 탐욕을 채우는 사람은 전 세계인구의 1% 미만입니다. 물론 그 1%의 사람들도 그 탐욕에 만족하지 못하지만 말입니다. 왜 그렇습니까? 바로 사단이 이 세상을 주관하고 있기 때문입니다. 사단은 자기 자신만을 위해 이 세상을 통치하기 때문에 모든 사람으로 하여금 탐욕에 빠지게 하되 실제로는 얻는 것이 아무것도 없게 만드는 것입니다. 그래서 탐욕을 채우는 1%의 사람들에게는 그 탐욕으로 하나님을 대적하게 하고 탐욕의 희생물인 99%의 사람들에게는 그 모순적인 결과의 모든 것을 하나님 탓으로 돌려 하나님을 대적하게 만드는 것입니다.

하나님을 대적하고 성경을 믿지 않는 사람들의 대부분은 왜 하나님이 살아계시면 이 세상이 이렇게 불평등하고 모순되냐고 따집니다. 왜 세계의 65% 인구가 절대적인 가난의 대물림과 굶주림과 병으로 고통받고 죽어가느냐 라고 따집니다. 그렇다면 한번 따져보겠습니다. 전 세계 군비지출은 7,800억 달러입니다.

그러나 가난한 자나 약한 자를 위한 기금은 500억 달러도 안 됩니다. 이렇게 만든 자가 하나님입니까 아니면 인간들입니까?

아프리카의 52개국의 백만장자가 한해 15% 증가한다고 합니다. 그들이 아주 조금만 자기 나라에 투자해도 하루에 굶어죽는 아이가 없어지게 됩니다. 그렇다면 굶주리고 병으로 죽는 아이가 점점 늘어나는 이유가 하나님 때문입니까 아니면 탐욕적인 세상 권력자들 때문입니까? 남미의 정치지도자나 기업가들이 자기들의 투자를 조금만 가난한 자들에게 돌린다면 어머니가 냄비에 돌을 놓고 끓이면서 아이들이 지쳐 잘 때까지 눈속임을 할 필요가 없습니다. 과연 이렇게까지 만드는 것이 하나님입니까 아니면 탐욕적인 세상 사람입니까?

탐욕적인 사람들은 자기들의 가증스러운 탐욕을 숨기기 위해 다른 사람을 희생시켰던 다윗 왕처럼 지금도 세상의 99%를 이용하여 자기들의 탐욕을 채우고 있습니다. 과연 이것이 하나님이 계획하신 세상입니까? 아닙니다. 그래서 이러한 더럽고 추한 탐욕의 세상을 불로 심판하시겠다고 약속하신 것입니다.

"그러나 주의 날이 도적같이 오리니 그날에는 하늘이 큰 소리로 떠나가고 체질이 뜨거운 불에 풀어지고 땅과 그 중에 있는 모든 일이 드러나리로다 이 모든 것이 이렇게 풀어지리니 너희가 어떠한 사람이 되어야 마땅하뇨" (벧후 3:10-11)

세상에 유토피아가 있는가?

유토피아라는 말은 영국의 인문학자인 토머스 모어가 만들어낸 신조어였습니다. 그는 탐욕의 세상이 아닌 아직 존재하지 않는 세계 그러나 실제로 존재할 수 있는 세계를 자기 나름대로 상징적으로 표현하고자 소설을 썼습니다. 그러나 세상은 이 말을 탐욕적인 단어로 바꾸었습니다. 세상 문명의 발전으로 전혀 상상치 못한 세계를 만드는 것이 유토피아라고 생각한 것입니다. 그러나 아무리 문명이 발전되어 컴퓨터 문명으로 파라다이스를 건설해도 탐욕으로 세워진 문명은 유토피아가 될 수 없습니다. 그것은 장차 하나님의 심판에 무너져 없어질 장망성일 뿐입니다.

그런데 예수 그리스도께서 이 세상에 육신으로 오셔서 우리 안에 주인노릇하고 있는 탐심을 십자가에서 못 박아 버렸습니다. 더 이상 사단의 도구인 탐심에 종노릇하지 않도록 만들어주셨습니다. 거듭난 성도는 하나님이 주신 기본적인 욕구를 사용하되 만족할 줄 아는 비밀을 갖게 됩니다. 그래서 사단의 덫인 탐심의 노예가 되지 않습니다.

사단은 21세기에 들어와 교회 안에서도 탐심으로 복음을 망하게 하고 있습니다. 사람들로 하여금 복음을 은혜로 받게 하지 않고 탐심으로 받게 하는 것입니다. 그래서 복음을 들어도 만족하지 못하고 또 다른 복음을 쫓도록 만듭니다. 하나님의 은혜도 탐하게 하여 죄를 죄답게 깨닫고 회개하여 하나님의 은혜를 받게 하는 것이 아니라 탐심으로 하나님의 은혜만을 욕심내어 죄가 무엇인지도 모르고 은혜만을 받으려는 탐욕적인 종교인으로 만드는 것입니다.

그러나 참으로 거듭난 성도에게 10계명은 주님의 십자가 보혈의 능력으로 탐심을 버리게 합니다. 또한 오직 그리스도 안에서 범사에 만족할 줄 아는 비밀을 깨닫는 은혜를 누리게 합니다. 탐심이라는 덫에서 참으로 자유를 누리게 되는 것입니다.

예수 그리스도께서 나를 위해 십자가에 죽지 않으셨다면 나는 탐욕의 성에 갇혀 절대로 그곳에서 나오지 못했을 것입니다. 그러나 하나님의 은혜로 나를 인도하사 십자가로 나오게 하시고 그곳에서 예수 그리스도와 함께 그 정과 욕심의 근원인 탐욕을 못 박아 버리셨습니다. 주님 이 엄청난 은혜를 잊지 않고 늘 나를 위해 피를 흘리신 예수 그리스도 안에서 주님만을 사랑하고 그 참사랑을 거듭나지 못한 불쌍한 영혼들에게 전하는 주님의 귀한 자녀로 살아갈 수 있도록 말씀으로 인도하옵소서. 주님의 이름으로 기도드립니다. 아멘.